AF897788

चाहे आप उम्र के किसी भी पड़ाव पर हों या आपको वयस्क हुए काफी समय हो गया हो, आप किसी भी समय यह मूल्यांकन कर सकते हैं कि आपने अब तक क्या हासिल किया है, आपकी अब तक क्या हासिल करने की इच्छा थी और आप आगे आने वाले वर्षों में क्या हासिल कर सकते हैं। भले ही आपका जीवन उम्मीद के मुताबिक पुरस्कारदायक नहीं रहा हो, लेकिन यह याद रखें कि आप अपने भविष्य को सिर्फ बेहतर ही नहीं बल्कि सचमुच महान बना सकते हैं, चाहे आपकी उम्र कितनी भी हो।

यह पुस्तक आपको डेल कारनेगी के सिद्धांत को सिखाएगी, जिन्हें उनके वारिसों ने विस्तृत किया है। इन सिद्धांतों पर चलकर लाखों-करोड़ों स्त्री-पुरुषों ने इन्हें आजमाया है। इन सभी ने यह सीखा कि आपके जीवन में जो ढेर सारी स्थितियाँ आती हैं, उनका सामना करते वक्त किस तरह की नीति अपनाई जाए। यहाँ आप सीखेंगे कि अपनी शक्तियों व कमजोरियों का पता कैसे लगाएँ और इसके बाद उन शक्तियों को कैसे बढ़ाएँ व कमजोरियों से कैसे उबरें।

महान
बनने की कला

डेल कारनेगी

डायमंड बुक्स
www.diamondbook.in

प्रकाशक : डायमंड पॉकेट बुक्स (प्रा.) लि.
X-30 ओखला इंडस्ट्रियल एरिया, फेज-II
नई दिल्ली - 110 020
फोन : 011- 40712200
ई-मेल : sales@dpb.in
वेबसाइट : www.diamondbook.in
संस्करण : 2021

Mahan Banne ki Kala
(Hindi translation of Develop Self-Confidence, Improve Public Speaking)
by : *Dale Carnegie* (translated by Aarti Gandhi)

विषय सूची

कंप्यूटर के विपरीत शब्दकोश एक अनिवार्य साधन है और इसमें मिशन शब्द की बहुत सी परिभाषाएं हैं। यहाँ पर सबसे उचित परिभाषा है "उद्देश्य, अस्तित्व का कारण। स्वप्न का अर्थ इसके विपरीत है, भविष्य का चित्र या छवि जिसे हम बनाना कहते हैं", और हम अपने मिशन की ओर बढ़ते वक्त कैसे जीना चाहते हैं?

-पीटर एम. लेंगे

1.

प्रदर्शन को बेहतर करना

तैयारी

चाहे गोल कोर्स पर हो या नौकरी में, अच्छे प्रदर्शन की शुरुआत तैयारी से होती है। पहली गेंद पर प्रहार किया जाए या नौकरी में पहला काम किया जाए, इसके पहले हमने कितनी तैयारी की है, वही पर्याप्त और बेहतर प्रदर्शन के बीच का फर्क तय करती है। गोल्फ में तैयारी का मतलब गेंद को शुरुआती जगह पर रखना ही नहीं है, बल्कि वह मेहनत भी है, जो इस खेल में महारत हासिल करने के लिए पहले की है।

तकनीकी क्षमता

पहला कदम है विषय के बारे में यथासंभव अधिकतम ज्ञान हासिल करना। किसी भी खेल की तरह किसी भी नौकरी में सक्षमता बुनियादी बातें सीखने से शुरू होती है और फिर ज्यादा जटिल पहलुओं को सीखने की ओर बढ़ती है। अपने प्रयास के क्षेत्र में तकनीकी दृष्टि से कुशल बनना शीर्ष प्रदर्शन के लिए अनिवार्य है।

डरलीन को चिकित्सकीय निदान और उपचार की नई प्रौद्योगिकियों से बड़ा कौतुहल होता था। वह मर्सी हॉस्पिटल में नर्सों की सहायक थी, इसलिए उसे नया उपकरण देखने को तो मिला, लेकिन चलाने का अवसर नहीं मिला। मौका मिलते ही डरलीन उस विभाग में पहुंच जाती थी, जहाँ उस उपकरण का इस्तेमाल किया जा रहा था। उसने तकनीशियनों से बातचीत की और उसने उस उपकरण के बारे में हर वह चीज पढ़ी, जो उसे मिली। अल्ट्रासाउंड मशीन के इस्तेमाल में उसकी खास रुचि थी, जिसका इस्तेमाल कई आंतरिक रोगों को पहचानने में किया जाता है। फिर उसने एक प्रशिक्षण

कार्यक्रम में हिस्सा लिया और पंजीकृत डायग्नोस्टिक मेडिकल सोनोग्राफर का प्रमाणपत्र हासिल कर लिया। इसकी बदौलत उसे सोनोग्राफर के रूप में पूर्णकालिक काम करने का मौका मिल गया। इस प्रमाणपत्र को हासिल करने वाले ज्यादातर लोग यह नौकरी पाकर संतुष्ट हो जाते, लेकिन डरलीन सिर्फ अच्छी कर्मचारी ही नहीं बनना चाहती थी; उसका लक्ष्य तो सर्वश्रेष्ठ संभव तकनीशियन बनना था। उसने अपना अध्ययन जारी रखा और इस उपकरण का इस्तेमाल करने वाले डॉक्टरों के साथ विशेष प्रोजेक्ट्स पर काम करने की स्वैच्छिक पहल की। नतीजा यह हुआ कि बहुत ही कम समय में डरलीन अस्पताल में तकनीकी दृष्टि से सबसे ज्ञानी सोनोग्राफर बन गई और इस क्षेत्र में सफल करियर बनाने की दिशा में आगे बढ़ी।

प्रशिक्षण

तकनीकी सक्षमता हासिल करने के बाद भी प्रशिक्षण नहीं रुकता है। सर्वश्रेष्ठ खिलाड़ी भी प्रशिक्षण लेते रहते हैं, चाहे वे कितने भी सफल क्यों न हो जाएँ। वे जानते हैं कि प्रशिक्षण की आवश्यकता कभी खत्म नहीं होती।

सैम एक सफल सेल्समैन है, जिसे यकीन नहीं है कि उसका प्रशिक्षण कभी खत्म होगा। उसका कहना है, "मुझे बहुत कुछ सीखना है।" हर साल सैम सेल्समैनशिप या प्रॉडक्ट के ज्ञान में कम से कम एक प्रशिक्षण पाठ्यक्रम में जाता है। पुस्तकें पढ़ने और प्रशिक्षण टेप सुनने के लिए वह हर सप्ताह समय तय करता है। इसका परिणाम यह हुआ है कि ग्राहकों की सेवा और अपनी बिक्री बढ़ाने में सैम का प्रदर्शन लगातार बेहतर हुआ है।

दूसरों को सिखाएँ

अपनी योग्यताओं को आदर्श बनाने का एक और तरीका है दूसरों को सिखाना। न सिर्फ इससे हमें अपने काम की सुनियोजित समीक्षा करने और उसे सुदृढ़ बनाने में मदद मिलती है, बल्कि इंसान अक्सर प्रशिक्षु को सिखाते समय खुद भी सीखता है। प्रशिक्षुओं के सवाल और सुझाव प्राय: हमारे ज्ञान को बढ़ा सकते हैं।

ऐन एक राजनीतिक कार्यसमिति के लिए वर्ड प्रोसेसिंग की सुपरवाइजर है। चुनाव करीब आने के कारण जब उसने दो अतिरिक्त ऑपरेटर नियुक्त

किए, तो उसने उन्हें प्रशिक्षण दिया। उन्हें जल्दी और अच्छी तरह सिखाने के लिए ऐन ने एक प्रशिक्षण योजना तैयार की। इस प्रक्रिया ने ऐन को उन कई तकनीकों के बारे में दोबारा सोचने के लिए विवश किया, जिनका वह इस्तेमाल कर रही थी। उसे कुछ शॉर्टकट और विशेष नीतियाँ याद आईं, जिनका इस्तेमाल उसने कई बरसों से नहीं किया था और उसके दिमाग में कुछ नए विचार भी आए। जब प्रशिक्षण शुरू हुआ, तो ऐन और प्रशिक्षुओं की पारस्परिक प्रक्रिया से उसका खुद का प्रदर्शन बेहतर हुआ और उसकी निजी उत्पादकता बढ़ गई।

कोशिश करना

चैंपियन कभी नहीं कहते, "यह नहीं किया जा सकता।" वे बाधाओं से उबरने का कोई न कोई तरीका खोजने की कोशिश करते हैं। भले ही चैंपियन हमेशा न जीतें, लेकिन वे जीतने की कोशिश किए बिना कभी हार नहीं मानते हैं।

न्यू यॉर्क सिटी में एक औद्योगिक कॉन्ट्रैक्टर नॉर्मन स्ट्रॉस के सामने एक बड़ी समस्या थी। न्यू यॉर्क के सबसे बडे इनडोर स्पोर्ट्स एरीना मैडिसन स्क्वेयर गार्डन की पेंटिंग का काम होना था। इसके लिए उसे अपनी निविदा सप्ताह के अंत तक भेजनी थी। छत पोतना सबसे बड़ी समस्या थी, जो जमीन से 110 फुट ऊपर थी। छत तक पहुँचने का आम तरीका यह था कि पाइप का मंच बनाया जाए और उस पर खड़े होकर छत पर स्प्रे किया जाए। मंच बनाने की लागत सभी बोली लगाने वालों के लिए लगभग समान थी। निविदा में अपने भाव को काफी कम रखने का एकमात्र तरीका यह था कि पाइप का मंच बनाए बिना छत पोतने का तरीका खोजा जाए। हर कोई जानता था कि यह नहीं किया जा सकता, इसलिए जहमत क्यों उठाना?

लेकिन नॉर्मन स्ट्रॉस ने आसानी से हार नहीं मानी। उसे विश्वास था कि सफलता हासिल करने के लिए इंसान को समस्या सुलझाने की कोशिश कभी नहीं छोड़नी चाहिए। उस शाम घर लौटते वक्त नॉर्मन ने एक इलेक्ट्रिकल कंपनी को एक ऊँची स्ट्रीट लाइट पर पेंट करते देखा। इस लाइट तक पहुँचने के लिए वे "हाइड्रोलिक क्रेन" का इस्तेमाल कर रहे थे, एक ट्रक की छत पर एलिवेटर था, जिसे विभिन्न ऊँचाइयों तक ऊपर उठाया जा सकता था।

नॉर्मन ने सोचा, गार्डन की छत तक पहुँचने के लिए हाइड्रोलिक क्रेन का इस्तेमाल क्यों न करें?

अगले दिन जाँच करने पर पता चला कि यह संभव भी था और किफायती भी। इसकी बदौलत स्ट्रॉस अपने प्रतिस्पर्धियों से काफी कम भाव की निविदा देने में सफल हुए और उन्हें वह काम मिल गया।

सोचें

बेहतर प्रदर्शन की तैयारी में अंतिम कदम है सोचना। खेल या नौकरी को शुरू करने से पहले उसके बारे में अच्छी तरह सोचना अनिवार्य है। अच्छा गोल्फ खिलाड़ी पहले ड्राइव को लगाने से पहले ही यह सोच लेता है कि वह उस होल को कैसे खेलेगा। बेहतरीन प्रदर्शन करने वाला प्रोजेक्ट को शुरू करने से पहले अच्छी तरह सोच लेता है कि काम कैसे पूरा होगा।

किसी जटिल काम को करने में जितना समय लगता है, अक्सर उतना ही समय उसकी योजना बनाने पर भी लगाना चाहिए। सेल्स कॉल करने से पहले सफल सेल्स प्रतिनिधि सावधानी से सोचते हैं कि उनके सामने कौन सी समस्याएँ आ सकती हैं और उनसे कैसे निबटा जाएगा। एक्जीक्यूटिव्ज निर्णय को लेने से पहले उस निर्णय के हर प्रभाव के बारे में सोचते हैं। यह थिएटर, सिनेमा, टेलीविजन और खेल में सर्वश्रेष्ठ प्रदर्शन करने वालों के बारे में भी सही है।

हम बेहतरीन प्रदर्शन कर सकते हैं, अगर हम अपने सभी प्रयासों में सावधानीपूर्वक तैयारी करें, तकनीकी दृष्टि से कुशल बनें और कभी प्रशिक्षण लेना न छोड़ें, दूसरों को सिखाएँ और कोशिश करते रहें – खास तौर पर जब परिस्थितियाँ मुश्किल हो जाएँ।

प्रदर्शन की प्रक्रिया

प्रदर्शन के पैमाने आम तौर पर संतोषजनक कर्मचारियों के अनुभव पर आधारित होते हैं, जिन्होंने उस काम को लंबे समय तक किया है। ये पैमाने चाहे काम की मात्रा या गुणवत्ता के बारे में हों या दूसरे पहलुओं के बारे में, उन्हें इन मापदंडों को पूरा करना चाहिए :

विशिष्ट। काम करने वाले हर व्यक्ति को सटीकता से पता होना चाहिए

कि उससे क्या करने की उम्मीद की जाती है।

मापने योग्य। कंपनी के पास कर्मचारियों के प्रदर्शन को मापने की कसौटी होनी चाहिए। प्रदर्शन को नापना तब आसान होता है, जब पैमाना संख्यात्मक हो; यदि यह व्यावहारिक न हो, तो यह ज्यादा मुश्किल होता है (लेकिन असंभव नहीं)। जब संख्यात्मक पैमाना व्यावहारिक न हो, तो इस तरह के पैमानों को रखा जा सकता है - निश्चित काम का समय पर पूरा होना, नई अवधारणाओं को लागू करना या टीम की गतिविधियों में योगदान देना।

यथार्थवादी। जब तक कि पैमाने हासिल करने योग्य न हों, कर्मचारी उन्हें अन्यायपूर्ण मानते हैं और उनकी दिशा में काम करने का प्रतिरोध करते हैं।

प्रदर्शन परिणाम वर्णन

खुद के और अपने सहयोगियों के प्रदर्शन को सुनियोजित रूप से बढ़ाना चाहिए। शुरुआत में अपनी स्थिति और परिणामों पर नजर डालें, जिन्हें हम हर दिन, महीने और वर्ष के अंत तक पाने के लिए जिम्मेदार हैं। यह संगठन में ऊपर और नीचे दोनों तरफ जारी रहता है, ताकि शिखर से नीचे तक सामंजस्य व एकरूपता सुनिश्चित हो सके।

पहला कदम सटीकता से तय करना है कि हम इस पद पर क्या हासिल करना चाहते हैं और इसे कैसे नापा जाएगा। इसके लिए हमें प्रदर्शन परिणाम वर्णन अर्थात परफॉरमेंस रिजल्ट्स डिसक्रिप्शन (पी.आर.डी.) तैयार करना चाहिए। नौकरी के मूल वर्णन में इस बात पर ध्यान केंद्रित किया जाता है कि कौन सी गतिविधियाँ या काम करने हैं, जबकि प्रदर्शन परिणाम वर्णन इस बात की तसवीर है कि अच्छी तरह पूरा हुआ काम कैसा दिखता है। यह परिणाम केंद्रित दृष्टि है, जिससे प्रबंधकों और कर्मचारियों को संगठन के स्वप्न, मिशन और मूल्यों के अनुरूप कर्मचारी के मापने योग्य लक्ष्यों के मार्ग की रूपरेखा बनाने की अनुमति मिलती है। प्रदर्शन परिणाम वर्णन न सिर्फ खुद के नौकरी के कार्यों की रूपरेखा बनाने में मदद करता है, जिन्हें हम मुख्य परिणाम क्षेत्र अर्थात की रिजल्ट एरियाज (के.आर.ए.) कहते हैं, बल्कि यह स्पष्ट रूप से परिभाषित प्रदर्शन मापदंडों के जरिये इन क्षेत्रों की सफल पूर्णता को भी सटीकता से मापता है। यह दस्तावेज दिशाबद्धता

औजार है, जो पूरी टीम, विभाग और संगठन में बिलकुल स्पष्ट व्यक्तिगत जवाबदेही स्थापित करता है।

इसकी सहायता से कंपनी का हर व्यक्ति हर दिन स्वप्न, मिशन, मूल्यों और पद के लक्ष्यों को हासिल करने पर केंद्रित होता है। यह उपाय लक्ष्यों का वर्णन करने और उन्हें मापने में मदद करता है, स्पष्ट जिम्मेदारियाँ देने में मदद करता है और जवाबदेही तय करता है। लोग कार की गति और प्रदर्शन के लिए स्पीडोमीटर और गैसोलीन गॉज जैसे यंत्रों का इस्तेमाल करते हैं। लीडर्स ऑफिस में मुख्य परिणाम क्षेत्र और प्रासंगिक पैमाने तय करके प्रदर्शन का आकलन करते हैं। यह तंत्र लोगों को उनके खुद के प्रदर्शन की निगरानी करने और नापने के लिए स्वतंत्र कर देता है, जिस वजह से मापन और अनुशासन के पारंपरिक तंत्रों की आवश्यकता न्यूनतम हो जाती है।

यह दृष्टिकोण संगठन के स्वप्न, मिशन और मूल्यों के साथ शिखर पर शुरू होता है, इसके बाद यह व्यक्तिगत परिणामों पर आता है, जो हमेशा टीम, प्रबंधक और संगठन के मिशन के सामंजस्य में होते हैं।

जब हम प्रदर्शन की प्रक्रिया को अधिकतम कर लेते हैं, तो हम अपने नेतृत्व के जरिये एक माहौल बनाते हैं, जहाँ कर्मचारी उन परिणामों को हासिल करने के लिए स्वतंत्र हो जाते हैं, जिनकी बदौलत कंपनी प्रतिस्पर्धी बनी रहती है और ग्राहकों की अपेक्षाओं से आगे निकलती है। इसके अलावा, कर्मचारी निजी व पेशेवर दृष्टि से भी विकास करते हैं।

पी.आर.डी. के मुख्य घटक

किसी नौकरी के लिए पी.आर.डी. तैयार करते समय हमें यह तय करना चाहिए :

- इस नौकरी का उद्देश्य क्या है? दूसरे शब्दों में, यह नौकरी अस्तित्व में क्यों है?
- इस नौकरी में हम क्या करने के लिए जिम्मेदार हैं और क्यों?
- मुख्य परिणाम क्षेत्र क्या हैं - वे क्षेत्र, जिनमें विशिष्ट परिणाम हासिल करने होंगे, तभी उस पद का काम पूरा होगा?
- क्या हमारे लक्ष्य संगठन के लक्ष्यों, स्वप्न और मिशन के तालमेल में हैं?

प्रदर्शन के पैमाने विशिष्ट होने चाहिए

ये मुख्य परिणाम क्षेत्र संतोषजनक ढंग से तय हो जाएँ, यह सुनिश्चित करने के लिए प्रदर्शन पैमाने विशिष्ट, मापने योग्य, हासिल करने योग्य, परिणाम केंद्रित और समयबद्ध होने चाहिए। इन चीजों को विशिष्टता से लिखा जाना चाहिए :

- डेडलाइन
- लागत
- कर्तव्य
- मुख्य परिणाम क्षेत्र हासिल करने के लिए आवश्यक गतिविधियाँ
- योग्यताएँ, ज्ञान और काबिलियत
- इस मुख्य परिणाम क्षेत्र को हासिल करने के लिए क्या आवश्यक है?

प्रदर्शन के पैमाने मापने योग्य होने चाहिए प्रदर्शन के पैमाने मूर्त, मापने योग्य स्थितियाँ होती हैं, जिनके मौजूद होने पर ही काम अच्छी तरह से किया जा सकता है। ये पैमाने गतिविधियों पर नहीं, परिणामों पर केंद्रित होते हैं। उन्हें परिणाम केंद्रित होना चाहिए।

हालाँकि हम अपने खुद के मापदंड बना सकते हैं, लेकिन उन्हें लिखने के बाद हम अपने अधिकारियों से उन पर सहमति ले सकते हैं। इसका लाभ यह है कि इससे स्पष्ट हो जाता है कि हमारा काम हर मापदंड के हिसाब से हुआ या नहीं। इससे हमारा प्रदर्शन व्यक्तिपरक के बजाय वस्तुपरक बन जाता है। इससे प्रदर्शन समीक्षा प्रक्रिया का डर भी मिट जाता है।

यहाँ पर कुछ "अग्निपरीक्षा" जैसे प्रश्न दिए जा रहे हैं, जिनका इस्तेमाल किसी प्रदर्शन मापदंड की शक्ति तय करने के लिए किया जाता है :

- क्या यह हमारे नियंत्रण या अधिकार क्षेत्र के भीतर है?
- हम परिणामों को माप रहे हैं या सिर्फ गतिविधियों की संख्या लिख रहे हैं?
- हम कहाँ पर पूर्णता की अपेक्षा कर रहे हैं?
- क्या शब्दावली या भाषा में गलतफहमी की कोई गुंजाइश है?

मिसाल के तौर पर "अच्छे," "कई," "प्रभावी," "बेहतरीन," "सफल," "सर्वश्रेष्ठ" जैसे शब्द मापने योग्य नहीं हैं, न ही इन पर आसानी से सहमति बन सकती है।

आगे प्रदर्शन मापदंडों की नमूना सूची दी जा रही है। जाहिर है, हर पर व्यक्तिगत विश्लेषण की जरूरत होती है। इन्हें सिर्फ प्रक्रिया को रेखांकित करने के उदाहरण के रूप में दिया जा रहा है।

- के वित्तीय वर्ष में कारोबार में नए ग्राहकों से 30 प्रतिशत बढ़ोतरी हुई है।
- पूरे स्टाफ ने अपना अनिवार्य वार्षिक पुनर्प्रमाणीकरण नौकरी शुरू करने के एक महीने के भीतर कर लिया है, जैसा प्रमाणीकृत करने वाली संस्था के मापदंडों में आवश्यक है।
- स्टाफ के सभी सदस्यों ने पिछले छह महीनों में हर सप्ताह एक प्रशिक्षण बैठक में हिस्सा लिया है।
- के वित्तीय वर्ष में देर से डिलिवरी पहुँचने संबंधी ग्राहक शिकायतें 20 प्रतिशत कम हुई हैं।
- कर्मचारी अनुकूलन बैठक का पुनर्गठन 15 जून 2010 तक पूरा कर लिया गया है, ताकि यह स्टाफ के लिए ज्यादा आनंददायक बन जाए।
- अप्रैल 2010 से सितंबर 2010 के बीच फार्मास्युटिकल क्षेत्र में सेल्स टीम ने वर्तमान ग्राहकों के रिपीट बिजनेस को 17 प्रतिशत बढ़ा लिया है।
- के वित्तीय वर्ष में हमारे ब्रांच ऑफिस में चोरी और तोड़फोड़ की घटनाओं की संख्या 50 प्रतिशत तक घटी है, जिसके फलस्वरूप बीमे की किश्त 10 प्रतिशत कम हुई है।
- ग्राफिक डिजाइन संबंधी सभी डेडलाइनें हर ग्राहक के मामले में हर बार पूरी की गई हैं।

औपचारिक प्रदर्शन मूल्यांकन

ज्यादातर संगठनों में प्रदर्शन का औपचारिक मूल्यांकन आयोजित किया

जाता है, जो आम तौर पर सालाना होता है। कई लीडर्स सहयोगियों की प्रगति के बारे में उन्हें जागरूक बनाने के लिए हर तीन या छह महीने में एक अनौपचारिक मूल्यांकन भी जोड़ देते हैं।

औपचारिक मूल्यांकन का महत्त्व

- वे कर्मचारी के समूचे कामकाजी इतिहास पर बातचीत करने का ढाँचा उपलब्ध कराते हैं। लीडर इस बैठक का लाभ लेकर कर्मचारियों की सफलताओं पर उन्हें बधाई दे सकता है और पहले से भी ज्यादा योगदान देने के सुझाव दे सकता है।
- इससे लीडर उसी मापदंड पर समूह के सभी सदस्यों की तुलना करने में सक्षम बनता है।
- इससे मिलने वाले आँकड़े यह तय करने में मदद करते हैं कि सहयोगियों को किस तरह के अतिरिक्त प्रशिक्षण की जरूरत है।
- कई कंपनियों में ये मूल्यांकन सालाना वेतनवृद्धि और बोनस तय करने वाले बुनियादी घटक होते हैं।
- उनकी औपचारिकता की वजह से उन्हें प्रदर्शन संबंधी अनौपचारिक टिप्पणियों से ज्यादा गंभीरता से लिया जाता है।
- उनका इस्तेमाल लक्ष्य-निर्धारण, करियर नियोजन और व्यक्तिगत विकास के साधन के रूप में किया जा सकता है।

प्रदर्शन मूल्यांकनों का नकारात्मक पहलू

- ये मूल्यांकन लीडर और स्टाफ के सदस्यों दोनों के लिए तनावपूर्ण हो सकते हैं।
- कुछ लीडर अपने सहयोगियों को नाखुश करने के बारे में इतने चिंतित रहते हैं कि वे उनके प्रदर्शन का अधिक मूल्यांकन कर सकते हैं।
- कई औपचारिक तंत्र अपर्याप्त, बोझिल या खराब तरीके से तैयार होते हैं, जिनसे समाधान कम, समस्याएँ ज्यादा उत्पन्न होती हैं।
- कुछ मूल्यांकनों में अच्छे कर्मचारियों का कम मूल्यांकन होता है, क्योंकि उनके सुपरवाइजर इस बात से डरते हैं कि कहीं उनके

कर्मचारी उनके पद के दावेदार न बन जाएँ।

यदि उचित रूप से प्रबंधन किया जाए, तो प्रदर्शन मूल्यांकन कर्मचारियों और प्रबंधकों दोनों के लिए बेहद प्रेरक अनुभव बन सकता है। इसे सबसे ज्यादा प्रभावी बनाने के लिए इसके साथ द्वंद्व जैसा बर्ताव न करें। इसके बजाय इसे दोतरफा सार्थक चर्चा मानें, जिसकी बदौलत कर्मचारी बेहतर बनने की जिम्मेदारी लेगा और आने वाले वर्ष में ऐसे लक्ष्य तय करेगा, जिनसे वह ज्यादा उत्पादक बनेगा और ज्यादा संतोषजनक काम करेगा।

सर्वश्रेष्ठ तंत्र चुनना

कई औपचारिक मूल्यांकन तंत्र हैं, जिनका इस्तेमाल किया जा सकता है। आइए सबसे ज्यादा इस्तेमाल किए जाने वाले तंत्रों पर नजर डालते हैं :

गुण आधारित तंत्र : सबसे आम मूल्यांकन तंत्र है "गुणों" का प्रारूप। इसमें गुणों की सूची रहती है और हर कर्मचारी का मूल्यांकन असंतोषजनक से उत्कृष्ट के बीच के पैमाने पर किया जाता है। यहाँ एक आम उदाहरण दिया जा रहा है।

गुण :

- काम की मात्रा
- काम की गुणवत्ता
- कार्य का ज्ञान
- विश्वसनीयता
- निर्देश लेने की काबिलियत
- पहलशक्ति
- सृजनात्मकता
- सहयोग

श्रेणी:

उत्कृष्ट : 5 पॉइंट

अच्छा : 4 पॉइंट

सामान्य : 3 पॉइंट

सुधार की आवश्यकता है : 2 पॉइंट

असंतोषजनक : 1 पॉइंट

पहली नजर में तो यह तंत्र प्रशासन में आसान और समझने में सरल दिखता है, लेकिन यह समस्याओं से भरा हुआ है :

- केंद्रीय प्रवृत्ति। हर गुण का सावधानी से मूल्यांकन करने के बजाय यह ज्यादा आसान है कि किसी गुण के संदर्भ में हर कर्मचारी को सामान्य (बीच वाली श्रेणी) या सामान्य के पास वाली श्रेणी दे दी जाए।

"आभामंडल प्रभाव।" जैसा इस पुस्तक में पहले बताया गया है कि कुछ प्रबंधक एक गुण से इतने ज्यादा प्रभावित हो जाते हैं कि वे उस कर्मचारी के सभी गुणों को ऊँची श्रेणी दे देते हैं। इसकी विपरीत प्रवृत्ति है "नकारात्मक प्रभाव।"

- व्यक्तिगत पूर्वाग्रह। प्रबंधक भी इंसान होते हैं और इंसानों में दूसरे लोगों के पक्ष या विपक्ष में व्यक्तिगत पूर्वाग्रह होते हैं। ये पूर्वाग्रह वैसे तो किसी भी प्रकार के मूल्यांकन पर प्रभाव डाल सकते हैं, लेकिन गुण तंत्र में जोखिम ज्यादा होता है।
- नवीनतम व्यवहार। प्रबंधकों के लिए यह याद करना आसान होता है कि कर्मचारियों ने पिछले कुछ महीनों में क्या किया है, लेकिन वे आम तौर पर यह भूल जाते हैं कि उन्होंने मूल्यांकन अवधि के पहले हिस्से में क्या किया था?

जब गुण आधारित मूल्यांकन का मापन संख्यात्मक संदर्भ में किया जाता है, तो सहयोगियों की तुलना के लिए स्कोर का इस्तेमाल करने का प्रलोभन होता है। कुछ कंपनियाँ इन श्रेणियों को बनाने के लिए बेल कर्व के इस्तेमाल को प्रोत्साहित करती हैं। बेल कर्व की अवधारणा इस मान्यता पर आधारित है कि ज्यादा बड़ी जनसंख्या में ज्यादातर लोग सामान्य (मध्यम) श्रेणी में आएँगे, बहुत थोड़ी संख्या में लोग सामान्य-से-कमतर और सामान्य-से-बेहतर श्रेणियों में आएँगे और चंद लोग ही सर्वोच्च व सबसे निचली श्रेणी में आएँगे।

कर्मचारी मूल्यांकनों में बेल कर्व के इस्तेमाल में मुश्किल यह आती है कि छोटे समूहों में इस प्रकार के श्रेणीकरण की संभावना कम होती है - और यह शीर्ष तथा निचले स्तर के कर्मचारियों के मामले में पक्षपातपूर्ण ढंग से काम कर सकता है।

मिसाल के तौर पर, मान लें कार्ला एक जीनियस है, लेकिन वह एक ऐसे विभाग में काम करती है, जिसमें हर व्यक्ति जीनियस है। बहरहाल, कार्ला उस समूह में सबसे निचले स्तर की जीनियस है। उस समूह के संदर्भ में जो बेल कर्व बनेगा, उसमें उसे "असंतोषजनक" श्रेणी दी जाएगी। जबकि अगर वह किसी दूसरे समूह में होती, तो शायद उसे "उत्कृष्ट" श्रेणी मिलती।

मान लें, हैरॉल्ड का काम बमुश्किल संतोषजनक है, लेकिन उसका पूरा समूह सामान्य से कम स्तर पर प्रदर्शन कर रहा है। यदि हम बेल कर्व का इस्तेमाल करते हैं, तो उसके समूह के दूसरे कर्मचारियों से तुलना करने पर हमें उसे "उत्कृष्ट" श्रेणी देनी होगी।

हर प्रबंधक और समूह लीडर को हर श्रेणी के अर्थ तथा हर गुण की परिभाषा के बारे में सावधानी से जानकारी दी जानी चाहिए।

संख्या और गुणवत्ता को समझना तुलनात्मक रूप से आसान होता है। लेकिन विश्वसनीयता क्या है? पहलशक्ति, सृजनात्मकता और अन्य अमूर्त गुण क्या हैं, जिन्हें मापना है? चर्चाओं, भूमिका अभिनय और केस स्टडीज वाली प्रशिक्षण योजनाएँ बनाकर ऐसे मापदंड स्थापित किए जा सकते हैं, जिन्हें हर व्यक्ति समझता और इस्तेमाल करता है।

श्रेणीकरण के लिए मापदंड स्थापित करें। श्रेष्ठ और असंतोषजनक कर्मचारियों को पहचानना आसान होता है, लेकिन बीच वाली तीन श्रेणियों के संदर्भ में कर्मचारियों के बीच फर्क करना ज्यादा मुश्किल होता है।

पूरे साल के दौरान हर कर्मचारी के प्रदर्शन का एक लॉग बनाएँ। सामान्य प्रदर्शन को दर्ज करना जरूरी नहीं है, लेकिन हमें हर उस खास चीज को दर्ज कर लेना चाहिए, जो हर कर्मचारी ने हासिल की है या उसे हासिल करने में असफल रहा है। मिसाल के तौर पर, सकारात्मक टिप्पणी में यह लिखा जा सकता है, "कोटे से 20 प्रतिशत ज्यादा उत्पादन", "प्रोजेक्ट को डेडलाइन से दो दिन पहले पूरा किया", या "ऐसा सुझाव दिया, जिससे

अमुक काम में लगने वाला एक तिहाई समय बच गया"।

नकारात्मक टिप्पणियों में इस तरह की बातें लिखी जा सकती हैं, "बड़ी गलतियों के कारण रिपोर्ट दोबारा बनानी पड़ी", या "इस महीने लंच के बाद देर से आने के लिए तीन बार फटकारा गया"।

अपने व्यक्तिगत पूर्वाग्रहों के बारे में जागरूक बनने और उनसे उबरने की कोशिश करें। जानकारी इकट्ठी करें। असाधारण और असंतोषजनक प्रदर्शन व व्यवहार के विशिष्ट उदाहरण रखें, ताकि मूल्यांकन को समर्थन मिल सके।

परिणाम आधारित मूल्यांकन

यह मूल्यांकन विभिन्न गुणों के बारे में राय के आधार पर कर्मचारियों का श्रेणीकरण नहीं करता है। इस ज्यादा प्रभावी मूल्यांकन तंत्र में विशिष्ट परिणामों की उपलब्धियों पर ध्यान केंद्रित किया जाता है। परिणाम आधारित मूल्यांकन का इस्तेमाल किसी ऐसी स्थिति में किया जा सकता है, जिसमें परिणामों को मापा जा सकता है। स्पष्ट रूप से संख्यात्मक घटक (सेल्स वॉल्यूम या उत्पादन इकाइयाँ) शामिल होने पर इस तंत्र का इस्तेमाल आसान होता है, लेकिन यह कुछ अमूर्त क्षेत्रों में भी उपयोगी होता है, जैसे प्रबंधन विकास में विशिष्ट लक्ष्य हासिल करना, निजी लक्ष्यों तक पहुँचना और सहयोगी प्रयास करना।

परिणाम आधारित मूल्यांकन तंत्र में मूल्यांकनकर्ता को अमूर्त गुणों से संबंधित निर्णय पर भरोसा नहीं करना होता है। इसके बजाय वे इस पर ध्यान केंद्रित करते हैं कि उनके कर्मचारियों से क्या अपेक्षाएँ थी और वे उन्हें पूरा करने के कितने करीब रहे। किसी अवधि की शुरुआत में ही अपेक्षाओं पर सहमति बन जाती है और उस अवधि के अंत में उनके प्रदर्शन को मापा जाता है। फिर नए सिरे से नए लक्ष्य बनाए जाते हैं, जिन्हें आगामी अवधि के अंत में मापा जाएगा।

यह तंत्र इस तरह काम करता है :

- हर पद के लिए प्रबंधक और कर्मचारी उस पद के के.आर.ए. (मुख्य परिणाम क्षेत्रों) पर सहमत होते हैं। अपने लक्ष्यों को पूरा करने के लिए कर्मचारियों को इन क्षेत्रों में परिणाम हासिल करने

होंगे।

- लीडर और कर्मचारी उन परिणामों को तय करते हैं, जिनकी अपेक्षा प्रत्येक के.आर.ए. में उस कर्मचारी से की जाती है।
- किसी सहयोगी ने प्रत्येक के.आर.ए. में जो परिणाम हासिल किए, उन्हें औपचारिक समीक्षा के दौरान इस आधार पर मापा जाता है कि अपेक्षाएँ क्या थी।
- कुछ संगठनों में कर्मचारियों के मूल्यांकन के लिए संख्यात्मक स्तर का उपयोग किया जाता है कि वे अपने लक्ष्यों तक पहुँचने के कितने करीब आए। बाकी में कोई ग्रेड नहीं दिया जाता है। इसके बजाय एक विवरणात्मक रिपोर्ट तैयार की जाती है, ताकि सारांश में बताया जा सके कि क्या हासिल किया गया और उसका क्या महत्त्व था।

कुछ कंपनियाँ आग्रह करती हैं कि सहयोगी वार्षिक समीक्षा के प्रारूप में ही मासिक प्रगति रिपोर्ट भी दें। इससे सहयोगी और लीडर दोनों ही प्रगति की निगरानी में सक्षम बनते हैं। मासिक रिपोर्ट्स का अध्ययन करने पर वार्षिक समीक्षा ज्यादा आसानी से बनाई जा सकती है और उस पर बातचीत की जा सकती है।

360 डिग्री का आकलन

बहुस्तरीय आकलन की लोकप्रियता बढ़ती जा रही है। इसका उपयोग यह पहचानने के लिए किया जाता है कि किसी प्रबंधक को उसके बॉस, समकक्ष, अधीनस्थ और यहाँ तक कि बाहरी लोग भी (जैसे सप्लायर और ग्राहक) किस तरह से देखते हैं। आम तौर पर इसे 360 डिग्री आकलन कहा जाता है और इस तरह की समीक्षाएँ जनरल इलेक्ट्रिक, एक्सन मोबिल और अन्य फॉरच्यून 500 कॉरपोरेशनों द्वारा अपनाई गई हैं।

लोग खुद को उस तरह से नहीं देख पाते हैं, जिस तरह दूसरे लोग उन्हें देखते हैं। हम यह मानकर चलते हैं कि हमारे काम तार्किक हैं, हमारे विचार ठोस हैं और हमारे निर्णय सही हैं। पारंपरिक दृष्टिकोण से प्रदर्शन का मूल्यांकन सिर्फ प्रबंधक द्वारा किया जाता है। इससे हमें यह जानकारी

मिल जाती है कि वह हमारे काम के बारे में क्या सोचता है, लेकिन हमारे कामकाज में वह एकमात्र व्यक्ति नहीं है, जिसके साथ हम व्यवहार करते हैं।

वरिष्ठ प्रबंधकों का मूल्यांकन और भी जटिल होता है, जिनका बहुधा मूल्यांकन होता ही नहीं है। जब अधीनस्थ और समकक्ष इन एक्जीक्यूटिव्ज का आकलन करते हैं, तो उन्हें उनकी प्रबंधन शैली के बारे में कई ऐसी चीजें पता चलती हैं, जिनका उन्हें पता ही नहीं था। कई को तो यह जानकर सदमा लगता है कि उनके कर्मचारी उन्हें किस तरह से देखते हैं। इस मूल्यांकन के फलस्वरूप वे अपनी प्रबंधन शैली बदलने के लिए कदम उठाते हैं।

> जब आपके पास स्पष्ट मूल्य और मानदंड होते हैं, तो निर्णय लेना आसान होता है। -रॉय डिजनी

बहुस्तरीय आकलनों के लाभों के बावजूद इसमें कमियाँ भी होती हैं। फीडबैक से लोगों की भावनाएं आहत हो सकती हैं। हो सकता है कि मूल्यांकन करने वाले हमेशा अच्छे या सकारात्मक न हों। कुछ लोग मूल्यांकन करने की भूमिका को दूसरों के व्यवहार की आलोचना करने का अवसर मान लेते हैं।

एक और दोष विरोधी रायों से संबंधित है। यह निर्णय कौन करेगा कि कौन सही है? अगर मूल्यांकन पूर्वाग्रह से ग्रस्त हो, तो क्या होगा? यदि मूल्यांकनकर्ता उस खास कर्मचारी को पसंद न करता हो, तो वह नकारात्मक प्रतिक्रिया दे सकता है; यदि वह खास कर्मचारी मित्र हो, तो उसका मूल्यांकन सकारात्मक होने की संभावना है। अक्सर लोग अपने बॉस या अन्य वरिष्ठ एक्जीक्यूटिव्ज को सही श्रेणी देने से डरते हैं। उन्हें लगता है कि कड़वा सच बोलना खतरनाक हो सकता है।

360 डिग्री का आकलन परिवर्तन उत्पन्न करने का बेहतर अवसर बन सके, यह सुनिश्चित करने के लिए यह सलाह दी जाती है कि :

- मूल्यांकन अनाम और गोपनीय हो।
- जिसका मूल्यांकन किया जा रहा है, उस व्यक्ति के बारे में पर्याप्त ज्ञान हासिल करने के लिए यह आवश्यक है कि मूल्यांकनकर्ता ने

उस व्यक्ति के साथ कम से कम छह महीने तक काम किया हो।

- मूल्यांकनकर्ताओं को संख्यात्मक श्रेणी देने के साथ-साथ लिखित टिप्पणियाँ भी देनी चाहिए। इससे उनके मूल्यांकन ज्यादा विशिष्ट और अर्थपूर्ण बनते हैं।
- "सर्वेक्षण की थकान" से बचने के लिए एक ही समय में बहुत सारे कर्मचारियों के 360 डिग्री आकलन नहीं करें।

कर्मचारी मूल्यांकन साक्षात्कार

चाहे बिंदु आधारित तंत्र का इस्तेमाल किया जाए या परिणाम आधारित तंत्र का, परिणाम संबंधित कर्मचारी को बता देने चाहिए। जब सुपरवाइजरों से पूछा जाता है कि वे अपने काम के किस पहलू को सबसे कम पसंद करते हैं, तो कर्मचारियों को नौकरी से निकालना आम तौर पर पहले स्थान पर आता है, लेकिन इसके ठीक बाद मूल्यांकन साक्षात्कार आता है। सुपरवाइजर अपने कर्मचारियों को अच्छी बातें बताने में कोई परेशानी महसूस नहीं करते, लेकिन नकारात्मक बातें बताने में परेशानी महसूस करते हैं। जाहिर है, कर्मचारी भी इसी तरह महसूस करते हैं। वे मूल्यांकन साक्षात्कार की दहशत में रहते हैं और अक्सर घबराए हुए, तनावपूर्ण या रक्षात्मक होते हैं। इस साक्षात्कार को सार्थक और उत्पादक बनाने के लिए दोनों पक्षों को इस बैठक में जाते समय यह सकारात्मक भाव रखना चाहिए कि यह एक सृजनात्मक अभ्यास है।

साक्षात्कार की तैयारी करना

प्रभावी मूल्यांकन साक्षात्कारों की योजना सावधानी से बनानी चाहिए। कर्मचारी से बात करने से पहले लीडर को मूल्यांकन का अध्ययन करना चाहिए। बातचीत के मुख्य क्षेत्रों की सूची बनाने से मदद मिलती है। प्रदर्शन के सभी सकारात्मक पहलुओं को दर्ज करें - सिर्फ उन्हीं क्षेत्रों को नहीं, जहाँ सुधार की आवश्यकता है। पुराने मूल्यांकनों का अध्ययन करें। पिछले मूल्यांकन के बाद हुए सभी सुधारों को दर्ज करें। अतीत के कामों के बारे में प्रासंगिक प्रश्न तैयार करें, बेहतरी के लिए उठाए जाने वाले कदम लिखें और भावी लक्ष्य भी लिख लें।

कर्मचारी के व्यवहार की आदतों के बारे में ज्यादा से ज्यादा याद करने की कोशिश करें। क्या उसकी कोई खास समस्याएँ या विचित्रताएँ हैं? क्या उस व्यक्ति को लड़ाकू नकारात्मक या जज्जाती या किसी अन्य तरीके से जाना जाता है, जिससे साक्षात्कार मुश्किल बन सकता है। यदि ऐसा है, तो इससे निबटने के लिए तैयार रहें।

मीटिंग कुछ दिन पहले से तय कर लेनी चाहिए। कर्मचारी को सुझाव दें कि मीटिंग से पहले वह अपने प्रदर्शन की समीक्षा खुद करे। कई कंपनियाँ कर्मचारी को एक कोरा मूल्यांकन प्रपत्र देती हैं और उनसे अपना मूल्यांकन खुद करने को कहती हैं। इससे उन्हें अपने खुद के प्रदर्शन पर एक गंभीर निगाह डालने का अवसर मिलता है और वे मीटिंग में इस पर बातचीत करने के लिए तैयार हो जाते हैं।

प्रदर्शन पर चर्चा करें

एक बार जब कर्मचारी से तालमेल जमाने की प्रक्रिया पूरी हो जाए, तो हमें नौकरी के उन क्षेत्रों को इंगित करना चाहिए, जिनमें वह व्यक्ति उत्कृष्ट रहा है और उन्हें भी जिनमें मापदंड पूरे किए गए थे। विशिष्ट उदाहरण देने से कर्मचारी जान जाएगा कि हम सचमुच उसके सकारात्मक गुणों के बारे में जागरूक हैं। कर्मचारी को टिप्पणी करने के लिए प्रोत्साहित करें।

ध्यान से सुनें और फिर प्रदर्शन या व्यवहार के उन पहलुओं पर बातचीत करें, जहाँ मापदंड पूरे नहीं हुए थे। विशिष्ट बनें। "आपका काम हमारे पैमाने के अनुरूप नहीं है", यह कहना ही काफी नहीं है। इसके बजाय कुछ उदाहरण देना ज्यादा प्रभावी रहता है, जहाँ कर्मचारी अपेक्षा से नीचे रहा है। यह आवश्यक है कि कर्मचारी प्रदर्शन के मापदंडों को स्पष्टता से समझता हो। यह बताने से उसे कोई हैरानी नहीं होनी चाहिए कि वह उन मापदंडों को पूरा नहीं कर रहा है। उसे गलतियों से भरा उसका काम दिखाकर या चूकी हुई डेडलाइनों की याद दिलाने से मूल्यांकन पुख्ता बनेगा।

हर मामले में हमारी एकाग्रता व्यक्ति पर नहीं, काम पर होनी चाहिए। यह कभी न कहें, "आप कतई अच्छे नहीं थे।" इसके बजाय यह कहें, "काम मापदंडों के अनुरूप नहीं था।"

यदि समस्याएँ प्रदर्शन के बजाय व्यवहार से संबंधित हैं, तो इसके भी उदाहरण दें। "पिछले कुछ महीनों में मैंने आपको देर से आने के बारे में टोका है। आप एक अच्छे कर्मचारी हैं। यदि आप हर दिन समय पर आएँ, तो इस कंपनी में आपके अवसर बहुत बढ़ जाएँगे।"

बेहतरी के लिए कर्मचारी के सुझाव लें

जब स्थिति पेश कर दें, तो खुद बेहतरी के सुझाव न दें। इसके बजाय कर्मचारी से उसके खुद के सुझाव माँगें। कुछ कर्मचारी इसका प्रतिरोध करेंगे। वे भावी बेहतरी की ओर बढ़ने के बजाय अतीत के कामों के बहाने और तर्क पेश करेंगे। परानभूति से उनकी बात सुनें और उन्हें प्रोत्साहित करें कि वे इन बातों को भूल जाएँ। एक बार जब यह कर दिया जात तो वे वास्तविक स्थिति का सामना करने के लिए ज्यादा उत्सुक होंगे और व्यावहारिक विचार बता देंगे।

पूछे, "मैं आपके प्रदर्शन को बेहतर बनाने में किस तरह से आपकी मदद कर सकता हूँ?" यथासंभव उनके सुझाव स्वीकार करें और उनके साथ मिलकर एक कार्ययोजना तैयार करें कि यह कैसे किया जा सकता है। ऑफिस में या बाहरी स्रोतों से अतिरिक्त प्रशिक्षण का सुझाव देने से भी अक्सर मदद मिलती है। हम अपने कर्मचारियों को अच्छी तरह से जानते हैं। अगर हम यह जानते हैं कि कोई खास कर्मचारी सृजनात्मक सुझाव नहीं देगा, तो हमें अपने खुद के कुछ सुझाव तैयार रखने चाहिए।

लक्ष्य तय करें

यदि पिछली वार्षिक समीक्षा में लक्ष्य तय किए गए थे, तो उनकी समीक्षा करें। यदि वे पूरे हो गए हैं, तो कर्मचारियों को बधाई दें और पता लगाएँ कि उन्हें हासिल करने के लिए क्या किया गया था। यदि वे पूरे नहीं हुए हैं, तो इसके कारणों का पता लगाएँ और यह तय करें कि अगली अवधि में उन्हें पूरा करने के लिए क्या किया जा सकता है।

मूल्यांकन साक्षात्कार सिर्फ अतीत की समीक्षा ही नहीं, भविष्य की योजना भी है। यह पूछें, "अगले बारह महीनों में आप क्या हासिल करना चाहेंगे?" उत्पादन के लक्ष्य, व्यवहारवादी परिवर्तन और तरक्कीकी योजनाएँ

पूछें। इसमें व्यक्तिगत लक्ष्य भी शामिल हो सकते हैं, जैसे अतिरिक्त शिक्षा हासिल करना, पेशेवर या व्यापार संगठनों की गतिविधियों में शामिल होना या उसके करियर को आगे बढ़ाने वाले ऑफिस के बाहर के अन्य प्रयास। प्रबंधक के रूप में आपको समर्थन तो करना चाहिए, लेकिन कोई झूठे वादे न करें या उपलब्धि या करियर विकास की झूठी तसल्ली न दें, जिसे आप पूरा न कर सकें।

कर्मचारियों से प्रत्येक लक्ष्य लिखने को कहें। फिर इसके बाद यह बताने को कहें कि वह लक्ष्य को हासिल करने के लिए क्या करने की योजना बनाता है। इसकी एक प्रति कर्मचारी को दे दें और एक प्रति कर्मचारी मूल्यांकन प्रपत्र के साथ रख लें। अगले साल के मूल्यांकन साक्षात्कार में हम इसका इस्तेमाल कर सकते हैं।

2.

महान जीवन का मतलब

महान जीवन का मतलब है सर्वोच्च मूल्यों के अनुसार जीवन जीना। चरित्र उससे तय होता है जो हम अचेतन रूप से, आदतन करते हैं। कहा जाता है कि चरित्र निर्माण का संबंध अवगुणों को घटाने के बजाय गुणों को बढ़ाने से होता है। अच्छे गुण बढ़ाने से नकारात्मक पहलू अपने आप कम हो जाते हैं।

ग्रेग एस. बेकर एक युवक की कहानी अक्सर बताते हैं, जो हमेशा कॉलेज की कक्षाओं में देर से पहुँचता था, क्योंकि वह अपनी अलार्म घड़ी का स्नूज बटन बार-बार दबाता रहता था। खुद का इलाज करने के लिए उसने एक कदम उठाया। झपकी लेने से पहले उसने पाँच मिनट बाद का अलार्म भरा और इसके बजते ही उछलकर उठ गया। उसने यह काम एक दर्जन बार किया। अगली सुबह उसने "स्नूज" बटन नहीं दबाया।

ग्रेग एस. बेकर भी अपने बारे में ऐसी ही कहानी बताते हैं। वे हमेशा से एकांतप्रेमी और अंतर्मुखी थे, जो किसी पादरी के लिए अच्छी बात नहीं थी। इसलिए उन्होंने खुद को प्रशिक्षित किया कि वे किसी दूसरे के अभिवादन करने से पहले खुद उसका अभिवादन करेंगे। यह हमेशा आसान नहीं था -बहुत बहिर्मुखी लोगों का अभिवादन पहले करने में उन्हें बहुत जतन करना पड़ता था। कई बार तो पहले हेलो बोलने के लिए उन्हें हॉल के पार चिल्लाना पड़ता था, लेकिन उनकी कोशिश आखरिकार रंग लाई। वे लोगों के प्रति दोस्ताना और ज्यादा बहिर्मुखी बन गए, जिससे उन्हें इस बारे में दोबारा सोचने की जरूरत नहीं रह गई।

जीने का नैतिक सिद्धान्त

हमारे मूल्य यह तय करते हैं कि क्या अच्छा है और क्या बुरा। हमारा

नीतिशास्त्र यह तय करता है कि जो अच्छा है और जो बुरा है, उसके आधार पर हम कैसे काम करते हैं। नीतिशास्त्र में मापदंडों का एक समूह शामिल होता है, जो हमें बताता है कि हमें कैसे व्यवहार करना चाहिए। दृढ़ चरित्र वाला कोई भी व्यक्ति नीतिशास्त्र के बिना नहीं जीता है।

हमें जो भी करना पड़ता है, नीतिशास्त्र उससे ज्यादा करता है। यह वह करना है, जो हमें करना चाहिए। चूँकि सम्मानजनक रूप से काम करने में अपने मनचाहे कई काम नहीं करना शामिल होता है, इसलिए नीतिशास्त्र का पालन करने में आत्म-नियंत्रण की जरूरत होती है। यह अच्छा, सही और सम्मानजनक काम करने के प्रति समर्पण है। हमें खुद से पूछना चाहिए कि क्या हम किसी अनैतिक विकल्प को चुनने की कीमत चुकाना चाहेंगे। क्या हम ऐसे विकल्प चुनकर अपने स्वाभिमान, अखंडता, प्रतिष्ठा और सम्मान का त्याग करना चाहेंगे?

कभी-कभी सही चीजें करने के लिए हमें दोस्ती, धन, प्रतिष्ठा या आनंद की इतनी ज्यादा कीमत चुकानी पड़ती है जो हम नहीं चुकाना चाहते, इसलिए नीतिशास्त्र पर चलने में साहस की भी जरूरत होती है। करने के लिए जो चीज सही होती है, वह आम तौर पर सबसे आसान नहीं होती। लेकिन जब हम "हाँ" कहने जैसा महसूस करें, तब "नहीं" कहने से चरित्र बनता है। सही और नैतिक क्या है, यह हम अपने जीवन के रोल मॉडलों से सीखते हैं। विश्वसनीय संबंध सभी नैतिक निर्णयों की बुनियाद होते हैं।

नैतिक चूकों से सुरक्षित रहने का सर्वश्रेष्ठ तरीका यह है कि नैतिक सिद्धांतों के सामने पहले से ही समर्पण कर दिया जाए। सही और गलत के हमारे पैमाने परिभाषित करने वाली हमारी खुद की व्यक्तिगत संहिता। यह प्रलोभन का प्रतिरोध करने में मदद करती है और नैतिक दृष्टि से दमदार निर्णय लेने का आधार बन जाती है।

नैतिक संहिता की कोई सीमा नहीं है - यह एक वाक्य में आ सकती है या फिर इसमें व्यक्तिगत विचारों और इरादे के कई पैराग्राफ भी शामिल हो सकते हैं।

नैतिक मापदंड तय करते समय, जैसे परिवार में, तो हमें स्पष्ट और तार्किक सीमाएँ तय करनी चाहिए। मुख्य शब्द हैं तार्किक और स्पष्ट। कोई

भी अस्पष्ट नियमों या दिशानिर्देशों को पसंद नहीं करता। सीमाओं के कारण बताएँ। क्या के पीछे के क्यों को स्पष्ट करें और पुष्ट करें। "क्योंकि मैंने ऐसा कहा था," हमारे बचपन में कारगर नहीं रहा था और यह अब भी कारगर नहीं रहेगा। सकारात्मक अंदाज में सीमाएँ बताएँ और "क्या नहीं करना है" के बजाय "क्या करना है" पर ध्यान केंद्रित करें। मिसाल के तौर पर, "गोपनीय रखें" सकारात्मक सुझाव है, जो "चुगली नहीं करें" से कहीं बेहतर है।

हमें सही एवं उचित सीमाएँ तय करते समय दूसरों को योगदान देने का अवसर देना चाहिए। बच्चे दरअसल माता-पिता से ज्यादा कठोर सीमाएँ तय करने में सक्षम होते हैं। चाहे सीमाएँ तय करने का मूल सुझाव किसी ने भी दिया हो, उनका पालन नियमित और न्यायपूर्ण ढंग से होना चाहिए। उनके पीछे खड़े होने का साहस रखें।

नैतिकता और स्व-आकलन

हम सभी खुद के बारे में बहुत ऊँचे विचार रखते हैं, लेकिन कई बार इस पर कठोर नजर डालना जरूरी हो जाता है कि हमारा रोजमर्रा का व्यवहार कैसा होता है। क्या हम खुद से अपनी अपेक्षाओं के अनुरूप जी रहे हैं या फिर हम समझौते कर रहे हैं? अपने व्यवहार को समझने और अपनी सीमाएँ जानने से हमें अपने कार्यों को बदलने में मदद मिल सकती है।

अब नीचे दिए प्रश्नों का इस तरह जवाब दे सकते हैं

प्रश्न-1. आप पूर्णकालिक रोजगार में हैं और अतिरिक्त समय में कोई दूसरा आपसे एक प्रोजेक्ट करने का आग्रह करता है। इससे आपको अतिरिक्त आमदनी तो होगी, लेकिन आपकी पूर्णकालिक नौकरी के साथ हितों का संघर्ष भी होगा। आप :

उत्तर-1. प्रस्ताव को स्वीकार कर लेंगे, क्योंकि आप जानते हैं कि किसी को पता नहीं चलेगा और कोई नुकसान नहीं होगा।

उत्तर-2 आपको सचमुच पैसे की जरूरत है, इसलिए आप वह अतिरिक्त काम स्वीकार कर लेते हैं और दोनों कामों

को अलग रखने की पूरी कोशिश करते हैं।

उत्तर-3 अपने बॉस के साथ उस अवसर पर बातचीत करते हैं और मिलकर तय करते हैं कि क्या अतिरिक्त काम करना ठीक है।

प्रश्न-2. आप जानते हैं कि आपके मित्र ने ज्यादा शराब पी ली है और वह कार चलाकर अपने घर जाने वाला है। आप :

उत्तर-1 उसे जाने देंगे, क्योंकि उसका घर सिर्फ कुछ मील दूर है।

उत्तर-2. उससे पूछेंगे कि क्या वह गाड़ी चलाने लायक हालत में है और अगर वह हाँ कहता है, तो उस पर विश्वास कर लेंगे।

उत्तर-3 उसके लिए एक कैब बुला लेंगे या फिर किसी ड्राइवर से उसे घर छुड़वा देंगे।

प्रश्न-3. आपने अभी-अभी एक गोल्फ टूर्नामेंट में भारी धनराशि जीती है। उसी शाम आपको गोल्फ के एक नियम का पता चलता है, जिसकी वजह से आप टूर्नामेंट में हार जाते। किसी ने भी आपकी उस गलती को नहीं देखा। आप :

उत्तर-1. इसे अपने तक रखते हैं, क्योंकि यह एक ऐसी गलती थी, जिसका आपको पता नहीं था।

उत्तर-2. इतने शर्मिंदा होते हैं कि कुछ कह नहीं सकते और आप इसे दोबारा कभी नहीं करने की कसम खाते हैं।

उत्तर-3. अपनी गलती सबसे सामने स्वीकार कर लेते हैं और पैसे लौटा देते हैं।

प्रश्न-4. आप अपनी 12 साल की बेटी को फिल्म दिखाने ले जाते हैं। आपको पता चलता है कि वयस्क और बच्चे के टिकट में 4 डॉलर का अंतर है। 11 साल और इससे कम उम्र वालों को बच्चा माना जाता है। आप:

उत्तर-1. एक वयस्क और एक बच्चे का टिकट माँगेंगे।

उत्तर-2. अपनी बेटी से पूछेंगे कि उसके हिसाब से आपको क्या करना चाहिए और फिर उसकी सलाह के अनुरूप काम करेंगे।

उत्तर-3. दो वयस्कों के टिकट माँगेंगे।

प्रश्न-5. आपका मित्र अपने मित्रों को देने के लिए कॉपीराइट वाले वीडियोज की प्रतियाँ बना रहा है। आप :

उत्तर-1. कुछ नहीं कहते हैं, क्योंकि हर व्यक्ति यही कर रहा है और उसे इससे कोई आर्थिक लाभ नहीं हो रहा है।

उत्तर-2. गुप्त रूप से अधिकारियों को फोन करेंगे।

उत्तर-3. उसे बताते हैं कि यह गलत काम है और इसे छोड़ने की सलाह देते हैं।

प्रश्न-6. आपका ऑफिस में एक्सपेंस अकाउंट है और आप व्यक्तिगत खर्चों को कारोबारी खर्चों में बदल रहे हैं। आपके एक सहकर्मी को इसी वजह से अभी-अभी नौकरी से निकाला गया है। आप :

उत्तर-1. इसे छोड़ने की कसम खाएँगे।

उत्तर-2. इसके बारे में कुछ नहीं कहेंगे, लेकिन यह हिसाब लगाएँगे कि आपने अब तक कितने पैसों की हेराफेरी की है। दोबारा किसी वैध कारोबारी खर्च को जोड़ने से पहले आप उस राशि को चुका देंगे।

उत्तर-3. अपने सुपरवाइजर को अपनी हेराफेरी के बारे में बता देते हैं, इसे छोड़ने की कसम खाते हैं और पिछली पूरी राशि चुका देते हैं।

प्रश्न-7. आप और आपका जीवनसाथी एक शानदार रेस्तराँ में डिनर ले रहे हैं। बिल आने पर आप गौर करते हैं कि आपने जो वाइन की महँगी बोतल ली थी, उसकी कीमत उसमें नहीं जुड़ी है। आप :-

उत्तर-1. बिल चुका देते हैं और एक सामान्य टिप छोड़ते हैं, क्योंकि आप महसूस करते हैं कि भोजन और वाइन की कीमत बहुत ज्यादा थी।

उत्तर-2. बिल चुका देते हैं, लेकिन आप जितनी टिप देने वाले थे, उससे ज्यादा टिप देते हैं।

उत्तर-3. वेटर को गलती बता देते हैं।

डेल कारनेगी कहते हैं, "यदि मैं आप पर विश्वास नहीं करता हूँ, तो मैं आपको विश्वसनीय नहीं मानूँगा, ना ही मैं आपका सम्मान करूँगा। यदि मैं आपका सम्मान नहीं करता हूँ, तो मैं आपको भरोसे के काबिल नहीं मानूँगा।"

सावधानीपूर्वक निर्णय लें

हमारे दिन-प्रतिदिन के ज्यादातर निर्णय सही या गलत वाले निर्णय नहीं होते हैं। इसके बजाय उनमें प्राथमिकताओं, कार्यकुशलता, नियोजन और संसाधनों का प्रबंधन शामिल होता है। कुछ निर्णयों में गलत और सही की नैतिक सीमाएँ शामिल होती हैं। इन भावनात्मक और जटिल स्थितियों में अक्सर समय का दबाव होता है। यह बहुत आसान होता है कि हम प्रलोभन की वजह से अपनी आँखों पर पट्टी बाँध लें। अक्सर हमें प्रतिक्रियाशील बनकर नैतिक चयन करने के लिए मजबूर किया जाता है।

जब आप नैतिक दृष्टि से संवेदनशील स्थिति में होते हैं, तो यह अपने नैतिक मापदंड तय करने का सबसे बुरा समय होता है। हमें काम करने से पहले जानकारी की समीक्षा करनी होती है, परिणामों को भाँपना होता है, दूसरों के बारे में सोचना होता है और अपनी भावनाओं का प्रबंधन करना होता है। ऐसी स्थिति में नैतिक निर्णय जल्दबाजी में लिए जाते हैं, लेकिन उनके परिणाम जीवन भर चल सकते हैं। इसीलिए सावधानी से विचार करना महत्त्वपूर्ण होता है। नैतिक संहिता मदद कर सकती है। यह जीवन में हमारी दिशा तय करती है।

डेल कारनेगी इन मुद्दों पर सोच-विचार करने का सुझाव देते हैं :-

- दीर्घकाल अल्पकाल पर भारी पड़ता है। पूछें कि मेरे कार्यों के संभावित परिणाम क्या होंगे... अल्पकाल में और दीर्घकाल में?
- हमारी नैतिक संहिता हमारे जीवन के लिए जमीनी नियम तय कर देती है। वे हमारी नैतिक संहिता के अनुरूप हैं या नहीं, यह तय

करने के लिए विकल्पों और चयनों को तौलें।

- उस विकल्प को चुनें, जिससे सबसे ज्यादा हित होगा। यदि हम यह तय नहीं कर पा रहे हैं कि क्या करना है, तो उसे चुनें, जिससे सबसे ज्यादा लोगों का सबसे ज्यादा हित होगा। कठोर निर्णय लेने के लिए उन विकल्पों को खत्म कर दें, जिनका नैतिक मूल्य ही नहीं है। फिर बचे हुए सबसे नैतिक विकल्प को चुन लें।
- हमारी नैतिक संहिता (विश्वास, सम्मान, जिम्मेदारी, निष्पक्षता, सामाजिक सेवा) अनैतिक प्रेरणाओं (पैसे, शक्ति या लोकप्रियता) से बेहतर होती है और उन्हें खारिज कर देती है।
- हमें यह सोचना चाहिए कि सभी हिस्सेदारों - निर्णय से प्रभावित होने वाले सभी लोगों - पर काम का क्या प्रभाव पड़ेगा। कुछ करने से पहले हमें यह तय कर लेना चाहिए कि जो काम करने के बारे में हम सोच रहे हैं, उससे किसे मदद मिलने या नुकसान पहुंचने की संभावना है; फिर हमें उस नुकसान से बचने या उसे कम करने के बारे में सोचना चाहिए। कुछ अच्छे सवाल ये हैं, जो हमें खुद से पूछना चाहिए : "अगर भूमिकाएँ उलट जाएँ, तो क्या होगा? अगर मैं किसी हिस्सेदार की जगह पर होता, तो मुझे कैसा महसूस होता?"

"आंतरिक टेक्स्ट मैसेजिंग" पर निगाह रखें

हमें टेक्स्ट मैसेज नई व महत्त्वपूर्ण जानकारी देते हैं या समस्याओं की चेतावनी देते हैं। इसी तरह हमारी इंद्रियाँ भी पेचीदा स्थितियों में हमें "आंतरिक टेक्स्ट मैसेज" भेजती हैं। वे हमें संभावित समस्याओं या नैतिक खतरों की चेतावनी देती हैं, बशर्ते हम उन पर गौर करना सीखें।

> जीवन में संतुलन रखना सबसे अच्छी और सबसे सुरक्षित चीज है।
> -युरिपिडीज (४८४ ई.पू.- ४०६ ई.पू.)

हम इन आंतरिक संदेशों को विभिन्न कूट नामों से पहचान सकते हैं :-

- **टीजीआर**- यह स्वर्णिम नियम है कि दूसरों के साथ वैसा ही बर्ताव

करें, जैसा आप अपने साथ चाहते हैं।

- **पीओएस**- अभिभावक कंधे के पीछे का मतलब है आप जो कह या कर रहे हैं, क्या आप चाहेंगे कि आपकी मम्मी, डैडी, दादा-दादी या प्रिय रिश्तेदार को उसका पता चल जाए?
- **सीआईडब्ल्यू**- बच्चा देख रहा है कोड का मतलब है कि आप जो कह या कर रहे हैं, क्या आप चाहेंगे कि आपके बच्चे को उसका पता चल जाए?
- **एफपीएन**- मुखपृष्ठ की खबर का तात्पर्य है कि आपका काम स्थानीय समाचारपत्र के मुखपृष्ठ पर कैसा दिखेगा? क्या आप अपनी सोच और अपने नैतिक चयन को स्पष्टता से और पूर्णतः तर्कसंगत साबित कर सकते हैं?
- **ईओडी**- दिन के अंत में (एंड ऑफ डे) का अर्थ है कि आप जो करने जा रहे हैं, अगर वही ज्यादातर लोग करें, तो क्या यह एक अच्छी चीज होगी?
- **5डब्ल्यू1एच**- कौन, क्या, कब, कहाँ, क्यों, कैसे (हू, वाट, वेन, वेयर, वाई, हाउ) पूछने का मतलब है कि वह कौन सा नैतिक निर्णय है, जिसका आप सामना कर रहे हैं या जिसका सामना करने की आप उम्मीद कर रहे हैं? आप क्या करेंगे?

मनुष्य के जीवन में सर्वोच्च मूल्य वे होते हैं, जो हमारे आस-पास के संसार को उन्नत करते हैं। डेल कारनेगी का मानना था कि हमें हमेशा ज्यादा दयालु, ज्यादा नरम मूल्यों की ओर झुकना चाहिए।

3.

बिना डरे काम सौंपना

काम सौंपना वह प्रक्रिया है, जिसमें प्रबंधक अपने एक या अधिक पण सहयोगियों को कर्तव्य या जिम्मेदारियाँ सौंपता है, साथ ही वह उनसे संबंधित अधिकार भी देता है। प्रदर्शन के पैमाने स्थापित करके और संप्रेषित करके प्रबंधक कर्मचारी को जवाबदेह बना देता है। काम सौंपने का मतलब है जिम्मेदारियों को बाँटना; काम करने का मतलब है सत्ता व जवाबदेही सौंपना। इससे प्रबंधक खुद उस काम को करने के बजाय प्रबंधन में समय लगाने के लिए स्वतंत्र हो जाता है।

काम सौंपने के कारण

प्रबंधक के रूप में हम कई कारणों से काम सौंपने का निर्णय ले सकते हैं। उनमें से कुछ ये हैं :

- हम पर से काम का बोझ हटने पर हम दूसरे ऐसे काम करने के लिए स्वतंत्र हो जाते हैं, जो ज्यादा जटिल होते हैं, जिनकी प्राथमिकता ऊँची होती है या जिनमें हमारे व्यक्तिगत ध्यान की जरूरत होती है।
- थोड़े ज्यादा प्रयास वाले काम सौंपना हमारे कर्मचारियों को विकसित करने का एक अवसर है।
- इससे हम अपने स्टाफ के दूसरे लोगों की विशेषज्ञतापूर्ण योग्यताओं या वरीयताओं का लाभ लेते हैं।

  काम सौंपने से हम काम के बोझ को बाँटने में सक्षम बनते हैं, इस तरह से काम पूरा होने की प्रक्रिया की गति बढ़ जाती है।

काम सौंपने में न डरें : अपनी सारी गतिविधियों को करने के लिए

ज्यादातर सुपरवाइजरों या प्रबंधकों के लिए यह अनिवार्य होता है कि वे अपना कुछ काम अधीनस्थों को काम सौंप दें। लेकिन कई प्रबंधक अपने अधीनस्थों को काम सौंपने में घबराते हैं। आइए इनमें से कुछ कारणों पर नजर डालते हैं :

- परिवर्तन और अज्ञात का डर।
- छोड़ने की अयोग्यता या अनिच्छा या सूक्ष्म प्रबंधन की ज्ञात प्रवृत्ति।
- यह यकीन करना कि हम ही अकेले हैं, जो काम को सही तरीके से कर सकते हैं।
- हमें जिस काम में आनंद मिलता है, उसे छोड़ने की अनिच्छा।
- अधीनस्थों में विश्वास की कमी या प्रदर्शन करने की उनकी योग्यता में विश्वास की कमी। यह धारणा होना, "अगर हम चाहते हैं कि कोई काम सही तरीके से किया जाए, तो इसे हमें खुद ही करना होगा।"
- यह विश्वास रखना कि किसी काम को करने के लिए दूसरों को प्रशिक्षित करने के बजाय उसे खुद करना ज्यादा तेज और आसान तरीका है।
- अहं से संबंधित डर कि अधीनस्थ हमसे बेहतर प्रदर्शन कर लेंगे या हम अनावश्यक बन जाएँगे।
- दूसरों को प्रशिक्षित करने, उनका प्रबंधन करने और नेतृत्व करने की हमारी खुद की योग्यता में विश्वास का अभाव।
- दूसरों पर अप्रिय काम थोपने या माँग करने का डर, "बुरा आदमी" न बनने की इच्छा।
- संघर्ष का डर।

आत्मविश्वास को बढ़ाना : ऊपर बताए गए ज्यादातर डर आत्मविश्वास की कमी के कारण होते हैं। एक उदाहरण है पॉल। उसे यह डर सताता है कि अगर कोई अधीनस्थ बहुत अच्छा काम करेगा, तो वह उसके लिए जोखिम बन जाएगा। "यदि बॉस देखता है कि मेरा कोई कर्मचारी मेरे काम को कर सकता है, तो मेरी नौकरी खतरे में पड़ सकती है।"

हालाँकि कई ऐसे भी मामले रहे हैं, जहाँ किसी कम वेतन वाले

अधीनस्थ को प्रबंधक की गद्दी पर बैठा दिया गया है, लेकिन यह आम तौर पर इस तरह की स्थिति के कारण नहीं होता है। वास्तव में, इसका विपरीत ज्यादा आम है। ज्यादातर कंपनियाँ प्रबंधकीय योग्यताओं के मूल्यांकन में इस बात पर विचार करती हैं कि प्रबंधक अपने कर्मचारियों की क्षमताओं को कितने प्रभावी ढंग से बढ़ाते हैं।

पॉल अपने काम में ज्यादा से ज्यादा कुशल बनकर अपने सुपरवाइजरों का सम्मान अर्जित करेगा, क्योंकि वह जानता है कि वह अपने काम में अच्छा है और इससे उसका खुद का आत्मविश्वास बढ़ेगा। अपने कर्मचारियों के काम को ज्यादा प्रभावी बनाने का नतीजा यह होगा कि वह जो काम अपने अधीनस्थों को सौंपता है, उनसे ज्यादा महत्त्वपूर्ण काम करके वह अपने पद के दूसरे पहलुओं में ज्यादा सफल होगा।

एलन का डर ज्यादा आम है। "यदि मेरा अधीनस्थ इस काम को गड़बड़ कर देता है, तो मुझे ही जिम्मेदार ठहराया जाएगा।"

सारे प्रबंधकों को उनके अधीनस्थों के काम के लिए जिम्मेदार माना जाता है। प्रबंधक जो काम दूसरों को सौंपते हैं, वह सही तरीके से हो और समय सारणी के अनुरूप हो, इस बारे में आश्वस्त होने के लिए उसे काम सौंपने की योजना बना लेनी चाहिए और इन कदमों का पालन करना चाहिए :

काम सौंपने की योजना बनाना : किसी भी गतिविधि को सफल बनाने के लिए इसकी योजना बनानी चाहिए। बहुत बार सुपरवाइजर काम सौंपने की तैयारी करने की जहमत ही नहीं उठाते हैं। उन्हें पता है कि क्या करना है और वे इसे करने के लिए किसी सहयोगी को आदेश देकर यह मान लेते हैं कि इसे सही तरीके से कर दिया जाएगा।

नियोजन या योजना बनाने का काम इस बात की स्पष्ट अवधारणा से शुरू होता है कि क्या हासिल होना चाहिए। भले ही हम वैसा काम कई बार कर चुके हो, लेकिन एक बार फिर पूरी तरह उस पर सोचना महत्त्वपूर्ण होता है। हमें खुद को सहयोगी की जगह पर रखना चाहिए। यदि हमने इस प्रोजेक्ट को पहले कभी नहीं देखा है, तो हम कौन सी जानकारी चाहेंगे। पहले उन उद्देश्यों की सूची बनाएँ, जिन्हें हम हासिल करना चाहते

हैं। फिर उन्हें हासिल करने के लिए आवश्यक जानकारी, सामग्री, औजार, समर्थन स्रोत और काम करने के लिए आवश्यक हर चीज तय करें।

नियोजन का एक बहुत महत्त्वपूर्ण हिस्सा यह तय करना है कि काम किसे सौंपा जाए। उस व्यक्ति को चुनते समय काम के महत्त्व को ध्यान में रखें। यदि उस काम में यह अनिवार्य है कि यह तेजी से और बहुत कम निगरानी के साथ किया जाए, तो ऐसे व्यक्ति को चुनें, जो अतीत में इस तरह के काम में अपनी योग्यता दिखा चुका हो। बहरहाल, यदि यह ऐसा क्षेत्र है, जहाँ हमारे मार्गदर्शन देने के लिए पर्याप्त समय है, तो इसे कम योग्य व्यक्ति को सौंपना लाभकारी हो सकता है। इस प्रोजेक्ट का उपयोग करके हम उसकी योग्यताओं को विकसित कर सकते हैं और उसे प्रशिक्षण दे सकते हैं।

- जो काम होना है, उसमें हमारे कर्मचारियों में से प्रत्येक की क्षमताओं का आकलन करें। जो व्यक्ति इसे सही तरीके से करने में सक्षम नहीं होता, उसे कोई काम सौंपना असफलता को न्योता देना है। अगर हमारे पास एक भी सक्षम व्यक्ति नहीं है, तो हमारे पास इसे खुद करने के सिवा कोई विकल्प नहीं होता। ऐसी स्थिति में हमारी सर्वोच्च प्राथमिकता यह होनी चाहिए कि हम किसी कर्मचारी को प्रशिक्षित करके इसे सँभालने के लिए योग्य बना दें, ताकि अगली बार जब भी उस तरह का काम सौंपने की आवश्यकता हो, तो एक सक्षम व्यक्ति उपलब्ध रहे।
- यह तय करें कि जिसे काम सौंपा जा रहा है, उसे समय और ध्यान के संदर्भ में कितने प्रशिक्षण, मार्गदर्शन और निरीक्षण की जरूरत हो सकती है। इसके अलावा, उसे किन दूसरे संसाधनों की जरूरत हो सकती है?
- तय करें कि इस व्यक्ति या इन व्यक्तियों को काम सौंपने से उनके वर्तमान कार्यभार पर क्या प्रभाव पड़ेगा?
- यदि कर्मचारी पूरे समय सीधे हमारे अधीन नहीं है (जैसे प्रोजेक्ट टीमों में), तो तय करें कि उसके दूसरे सुपरवाइजरों के साथ प्राथमिकताओं या मुद्दों के किसी संभावित संघर्ष को कैसे सँभाला जाएगा?

- हाथ के काम पर निगाह रखने के अलावा हमें लोगों के प्रबंधन और नेतृत्व के मानवीय पहलू को भी दिमाग में रखना चाहिए। हमें यह देखने के लिए पारस्परिक समझ तकनीकों का इस्तेमाल करना चाहिए कि कर्मचारी स्थिति के बारे में कैसा महसूस कर रहे हैं। हमें उनकी प्रगति के बारे में हमेशा जागरूक होना चाहिए, उनका आत्मविश्वास बढ़ाना चाहिए, प्रदर्शन करने के लिए उन्हें प्रेरित करना चाहिए और उनकी क्षमता को अधिकतम करने के लिए कोचिंग देनी चाहिए। हमें जीत ही जीत की स्थितियों उत्पन्न करनी चाहिए, जहाँ हर व्यक्ति अपने श्रम से लाभ ले।

क्या सौंपा जा रहा है, उसे प्रभावी ढंग से संप्रेषित करना चाहिए

बारबरा कुंठित थी। उसने कैरॉल को विस्तार से बताया था कि वह क्या कराना चाहती थी और कैरॉल ने उसे आश्वस्त किया था कि वह समझ गई है। अब एक सप्ताह बाद कैरॉल ने जो काम करके दिया, वह पूरी तरह से गलत था। उसका बहाना : मैंने सोचा, आप यही चाहती हैं।

जब कैरॉल ने कहा कि वह समझ गई है, तो कई सुपरवाइजरों की तरह बारबरा ने भी मान लिया कि वह सचमुच समझ गई थी। कोई अधीनस्थ किसी सौंपे गए काम को समझ गया है या नहीं, यह सुनिश्चित करने के लिए यह न पूछे, "क्या आप समझ गए हैं?" यह एक निरर्थक प्रश्न है।

अक्सर अधीनस्थ यह सोच सकते हैं कि वे किसी सौंपे गए काम को समझ गए हैं, जबकि दरअसल वे नहीं समझते हैं - और वे हमें आश्वस्त कर देते हैं कि वे समझ गए हैं। कुछ कर्मचारियों को यह बोलने में शर्म आ सकती है कि वे नहीं समझ पाए हैं, इसलिए वे कह देते हैं कि वे समझ गए हैं और फिर मन ही मन खुद के दम पर सोचने की कोशिश करते हैं। इसलिए यह न पूछें, "क्या आप समझ गए हैं?" इसके बजाय यह पूछें "आप क्या करने वाले हैं?" यदि जवाब यह बता देता है कि सामने वाला स्पष्टता से नहीं समझ पाया है, तो हम तुरंत ही काम के बारे में उसकी अनुभूति को दुरुस्त कर सकते हैं।

मॉर्टन विचलित था। उसकी बॉस ने उसे अभी-अभी एक ऐसी डेडलाइन

दे दी थी, जो उसके हिसाब से पूरी तरह से अयथार्थवादी थी। मॉर्टन ने सोचा, "उनका दिमाग सरक गया है। ऐसा कोई तरीका नहीं है, जिससे मैं इतने कम समय में इतना ज्यादा काम कर सकूँ। मैं सारे जतन कर लूँगा, लेकिन मैं जानता हूँ कि मैं इसमें कामयाब नहीं होने वाला।"

ऐसे नजरिये के साथ इस बात की संभावना नहीं है कि मॉर्टन डेडलाइन तक काम पूरा कर पाएगा। किसी अधीनस्थ से पूर्ण सहयोग हासिल करने के लिए यह महत्त्वपूर्ण है कि वह व्यक्ति हमारी इच्छा को पूरी तरह से स्वीकार कर ले। स्वीकृति हासिल करने के लिए पहले अधीनस्थ को उस काम का महत्त्व बताएँ, फिर उसे नियोजन प्रक्रिया में सहभागी बनाएँ।

"मॉर्टन, यह काम सुबह दस बजे तक बॉस के हाथ में होना चाहिए। आप क्या सोचते हैं, आप इसे कब तक कर सकते हैं?" मॉर्टन अब काम की त्वरित आवश्यकता को समझ सकता है और हमारे साथ मिलकर एक यथार्थवादी समयसीमा तय कर सकता है, जिसमें अतिरिक्त सहायता या ओवरटाइम की अनुमति की आवश्यकता शामिल हो सकती है।

प्रभावी काम सौंपने वाले प्रबंधक अपने कर्मचारियों को कुशलता और प्रभावी ढंग से काम सौंपने के लिए संप्रेषण रणनीति बनाते हैं। इसमें किसी संभावित प्रतिरोध को पार करने की तैयारी, प्रश्नों और चिंताओं को भाँपना आदि शामिल होता है।

कर्मचारी को काम करने के औजार दें : मार्था की कंपनी में कंप्यूटर टाइम मुश्किल से मिलता है। जब उसने अपने एक कर्मचारी को एक प्रोजेक्ट सौंपा, तो उसने कंप्यूटर टाइम की व्यवस्था नहीं की। नतीजा यह हुआ कि पूरा प्रोजेक्ट उलझ गया। यह सुनिश्चित करने की जिम्मेदारी मार्था की थी कि उसके अधीनस्थ के पास काम करने के लिए आवश्यक हर चीज हो। इसमें नाकाम रहकर उसने पूरे प्रोजेक्ट को असफल करा दिया।

अधीनस्थ को एक और तरह का "औजार" दिया जाना चाहिए, यह है मिशन पूरा करने के लिए आवश्यक अधिकार। मार्टिन को प्रोजेक्ट में एक असंभव दिखने वाली डेडलाइन तक काम पूरा करने के निर्देश दिए गए थे। इसके लिए ओवरटाइम की जरूरत थी, लेकिन मार्टिन को ओवरटाइम का अधिकार नहीं दिया गया। इससे प्रोजेक्ट पूरा होने में विलंब हुआ और

डेडलाइन चूक गई।

कार्ययोजना बनाएँ : जिन सौंपे गए कामों में ज्यादा समय लगेगा, उनमें सहयोगी से कहें कि वह काम शुरू करने से पहले कार्ययोजना तैयार करे। इसमें यह शामिल होना चाहिए कि क्या किया जाना है, इसे कब किया जाना निर्धारित है और कितना समय लग सकता है।

कलेन इलेक्ट्रॉनिक्स के संस्थापक पॉल कलेन 30 साल के करियर के बाद रिटायर हो रहे थे। उनके वारिस फ्रैंक एम्स ने उनकी उपलब्धियों का जोरदार जश्न मनाने का निर्णय लिया। इस काम की व्यवस्था की जिम्मेदारी उन्होंने अपने एच.आर. प्रबंधक मार्क लॉवेट को सौंप दी। मार्क को पूरे देश से आने वाले बड़े अधिकारियों, ग्राहकों और वेंडर्स की यात्रा योजनाओं में समन्वय करना था। सौंपे गए काम को शुरू करने से पहले उन्होंने एक कार्ययोजना लिखी, जिसमें काम के सभी पहलुओं को शामिल किया गया, जिनमें केटरर नियुक्त करना, जगह चुनना, सजावट की व्यवस्था करना, आमंत्रण भेजना और शहर के बाहर से आने वाले अतिथियों के लिए एयरलाइन और होटल रिजर्वेशन कराना शामिल था।

योजना में हर चरण के शुरू और पूरे होने की समयसारणी थी। इसमें यह भी लिखा गया था कि हर चरण के लिए किसके सहयोग की जरूरत होगी। मार्क ने एम्स के साथ इसकी समीक्षा मिलकर की, ताकि यह सुनिश्चित हो सके कि सब कुछ उनके सोचे मुताबिक हो रहा है। मार्क ने कार्ययोजना लिखकर सार्वजनिक कर दी, ताकि योजना पर अमल करने में शामिल सभी लोग किसी भी समय यह जाँच कर सकें कि योजना किस तरह आगे बढ़ रही है और समस्याओं को जल्दी ही पकड़ लिया जाए।

नियंत्रण बिंदु तय करें : भले ही हम जिम्मेदारी कर्मचारियों को सौंप दें, लेकिन इसके बावजूद प्रबंधक के रूप में हम ही जवाबदेह होते हैं। काम सही तरीके से और समय पर पूरा हो जाएगा, यह सुनिश्चित करने के लिए नियंत्रण बिंदु ऐसी जगहों पर तय किए जाते हैं, जहाँ हम सौंपे गए काम की प्रगति की जाँच कर सकें और कोई चीज गलत होने पर उसे शुरुआती अवस्थाओं में ही सुधारा जा सके, इससे पहले कि यह बहुत दूर

तक चली जाए।

नियंत्रण बिंदु का मतलब आकस्मिक जाँच नहीं है। सहयोगी जानता है कि वे कब होने वाले हैं और उस बिंदु पर क्या अपेक्षित है। मिसाल के तौर पर, हम टेड को सोमवार को एक काम सौंपते हैं, जिसे शुक्रवार तक पूरा करना है। हम टेड से कहते हैं "हम प्रोजेक्ट पर बातचीत के लिए कल 4 बजे मिलेंगे। तब तक आपका पहला और दूसरा हिस्सा पूरा हो जाना चाहिए।" अगर उस समय तक हम गलतियाँ खोज लेते हैं, तो टेड के आगे बढ़ने से पहले ही उन्हें सुधारा जा सकता है।

नियंत्रण बिंदुओं का एक और लाभ यह है कि अगर टेड को सुबह 11 बजे इस बात का अहसास हो जाता है कि वह शाम 4 बजे के नियंत्रण बिंदु तक अपना दूसरा हिस्सा पूरा नहीं कर पाएगा, तो वह समय रहते मदद माँग सकता है, ताकि प्रोजेक्ट निर्धारित समयसीमा से न पिछड़े।

फॉलो अप करना : चूँकि प्रबंधक अपने अधीनस्थों के कामों के लिए जिम्मेदार होते हैं, इसलिए फॉलो अप का तंत्र एक अनिवार्य प्रबंधन औजार है। सूक्ष्म प्रबंधन किए बिना ऐसा करना नाजुक मसला है। अगर प्रबंधक अपने कर्मचारियों के कंधे के पीछे से लगातार झाँकते रहे, तो इससे अविश्वास का भाव उत्पन्न होता है-और इससे सच्ची सफलता के लिए अनिवार्य सहयोगपूर्ण माहौल नष्ट हो सकता है।

फॉलो अप सहभागिता के अंदाज में किया जाना चाहिए। अप्रत्याशित जाँच से अधीनस्थों को हैरान करने या लगातार काम की निगरानी करने के बजाय फॉलो अप कार्य योजना में ही शामिल होना चाहिए। फॉलो अप योजना थोपने के बजाय प्रबंधक को अपने अधीनस्थों के साथ मिलकर योजना बनानी चाहिए। नियंत्रण बिंदु पूरे प्रोजेक्ट में शामिल होने चाहिए। जब प्रोजेक्ट के विभिन्न चरण पूरे हो जाएँ, तो प्रबंधक और प्रोजेक्ट करने वाले कर्मचारी मिलकर यह देखते हैं कि क्या किया गया है। कर्मचारियों को काम के गुण-दोष पर विचार करने के लिए प्रोत्साहित करना चाहिए। उन्हें शायद नए या अतिरिक्त मसलों के सुझाव देने के लिए भी प्रोत्साहित करना चाहिए, जिन्हें उस सौंपे गए काम में शामिल किया जा सकता है। जाहिर है, प्रबंधक भी उचित टिप्पणियों या सुझाव का योगदान दे सकता है।

इस तरह से फॉलो अप सहभागी नीति का हिस्सा बन जाता है। यह अधीनस्थ के लिए उद्दीपन की तरह कार्य करता है, ताकि वह काम की चुनौती को पूरा करने के लिए और भी ज्यादा सफलता हासिल कर सके।

जब हम काम सौंपते हैं, तो हम जिम्मेदारी नहीं छोड़ते हैं

प्रबंधकों को आवश्यकता पड़ने पर अपने कर्मचारियों की मदद करने के लिए उपलब्ध रहना चाहिए। जब डंकन ने एंड्रिया को नया प्रोजेक्ट सौंपा, तो उन्होंने कहा, "मैं यहाँ आपकी मदद के लिए हूँ। यदि आपको कोई समस्या आए, तो उसे मेरे पास लाने में न हिचकें।" एंड्रिया ने इस बात को पूरी तरह सच मान लिया और अपनी समस्याओं से खुद निबटने की कोशिश करने के बजाय वह उन्हें डंकन के पास लाने लगी। इससे न सिर्फ डंकन का बहुत सारा समय लगा, बल्कि इससे एंड्रिया की योग्यताएँ भी बेहतर नहीं हुई।

अगली बार जब डंकन ने अपने एक कर्मचारी को नया प्रोजेक्ट सौंपा, तो उन्होंने एक बार फिर कहा कि वे उसकी मदद करने के लिए उपलब्ध हैं, लेकिन यह भी जोड़ दिया, "अपनी समस्याएँ मेरे पास लेकर आएँ, लेकिन उनके साथ समाधान का सुझाव भी लाएँ।" इससे कर्मचारी को स्थिति के बारे में सोचने और अपने खुद के निष्कर्षों पर पहुँचने का प्रोत्साहन मिला। डंकन यह चाहते थे कि कर्मचारी उनसे यह न पूछे, "मुझे क्या करना चाहिए?" वे तो चाहते थे कि कर्मचारी उनसे यह पूछे, "क्या आप सोचते हैं कि यह सुझाव कारगर होगा?"

काम पूरा करने के बारे में : कोई चीज करने का एक ही सही तरीका नहीं होता है। अंत में मनचाहा परिणाम सफलतापूर्वक हासिल करना सर्वोपरि है। इसलिए अगर कोई चीज सटीकता से उस तरीके से न की जाए, जिस तरीके से हम करते (ज्यादातर मामलों में यह वैसी नहीं की जाएगी), तो यह पूरी तरह ठीक है।

खुद से पूछे कि काम सौंपने वाले प्रबंधक के रूप में हमारा प्रदर्शन कैसा था। हमने इस प्रक्रिया में कौन सी चीजें सही की और कौन सी गलत की? क्या कोई ऐसी चीज है, जिसे हम अलग तरह से करना चाहेंगे? हम भविष्य में क्या अलग तरीके से करेंगे?

विश्लेषण करें कि जिस कर्मचारी को काम सौंपा गया था, उसने कैसा प्रदर्शन किया? क्या उसने कोशिश करके इस अवसर का लाभ उठाया? क्या चुनौती की वजह से उसकी क्षमताओं का विस्तार हुआ या उसकी क्षमताओं के पार जाने से वह पराजित हो गया? क्या कर्मचारी ने हमें इस बारे में व्यक्तिगत फीडबैक दिया कि उसके हिसाब से चीजें कैसी हुई? क्या हमने विकास के इस अवसर का फायदा उठाते हुए कर्मचारी की यथोचित प्रशंसा की और मान्यता दी? क्या हमने इसके साथ-साथ निष्पक्ष, खुली और ईमानदार सृजनात्मक आलोचना भी दी?

विचार करें कि इस अनुभव से उस कर्मचारी के साथ हमारे संबंध किस तरह से बदले हैं और चीजें यहाँ से कहाँ जाएँगी। सोचें कि हम इस प्रगति को आगे कैसे बढ़ा सकते हैं या किसी नुकसान को सही कैसे कर सकते हैं।

अंत में, यह न भूलें कि जब हमारे वरिष्ठ अधिकारियों को जानकारी देने का समय आता है, तो अंततः हम ही परिणाम के लिए पूरी तरह जिम्मेदार और जवाबदेह हैं। प्रबंधक और लीडर के रूप में हमारा कर्तव्य है कि हम अपने कर्मचारियों को श्रेय दें और उनके साथ सफलता का जश्न मनाएँ। लेकिन ष्ताज पहनने" का दूसरा पहलू यह है कि यदि परिस्थितियाँ गड़बड़ होती हैं, तो दोष पूरी तरह से हमारे सिर पर ही आएगा। प्रबंधन और नेतृत्व इसी का नाम है।

काम सौंपने की सुनियोजित नीति रखने से हम भी ज्यादा सफल बनते हैं, क्योंकि हमारे कर्मचारी वे चीजें कर रहे होंगे, जो अधीनस्थों के लिए ज्यादा उपयुक्त हैं और इससे हम ज्यादा महत्त्वपूर्ण काम करने के लिए स्वतंत्र हो जाएँगे। हम प्रबंधक की सबसे महत्त्वपूर्ण भूमिकाओं में से एक भी निभाएँगे-अपने स्टाफ की क्षमताओं को बढ़ाना। काम सौंपना लोगों को अनुभव देने के सर्वश्रेष्ठ तरीकों में से एक है, जो उनके खुद के विकास के लिए बहुत महत्त्वपूर्ण है।

टीमों को काम सौंपना : जब किसी संगठन में टीमें बनाई जाती हैं, तो काम को टीम गतिविधि के रूप में सौंपा और किया जाना चाहिए। जब सौंपे गए कामों पर कर्मचारियों का थोड़ा-बहुत नियंत्रण होता है, तो वे उत्साह और समर्पण भाव से काम करते हैं।

जब बॉस हमें कोई जटिल प्रोजेक्ट दे, तो इसे अपनी टीम को पूरी तरह से दिखाएँ। हमें टीम के साथ बातचीत करनी चाहिए कि इस काम को हिस्सों में कैसे तोड़ा जाए। इसके बाद हर हिस्सा टीम के व्यक्तिगत सदस्यों को सौंपने का काम आसानी से हो जाएगा। ज्यादातर सदस्य उन क्षेत्रों को लेना चाहेंगे, जिनकी उनके पास सबसे ज्यादा विशेषज्ञता होती है। यदि दो सदस्य एक ही क्षेत्र चाहते हैं, तो उन्हें इसे आपस में सुलझाने दें। लेकिन अगर स्थिति गड़बड़ हो जाए, तो बीच में दखल देकर समस्या को कूटनीति से सुलझाएँ। "गुस्ताव ने हमारे पिछले प्रोजेक्ट में शोध किया था, इसलिए इस बार लिज को यह सँभालने का मौका दे देते हैं।"

यह तय है कि काम के कुछ हिस्से मुश्किल या अप्रिय होंगे। कोई भी कर्मचारी उन्हें करने की स्वयं पहल नहीं करेगा। इस तरह के काम सौंपने के लिए टीम से एक न्यायपूर्ण तंत्र बनवाएँ।

टीम लीडर के रूप में यह सुनिश्चित करें कि टीम का हर सदस्य अपनी जिम्मेदारियों के साथ-साथ हर साथी की जिम्मेदारियों के बारे में जागरूक हो। इस तरह से हर व्यक्ति को पता रहेगा कि हर व्यक्ति क्या कर रहा है और वह दूसरों को किस तरह का समर्थन दे सकता है या उनसे समर्थन ले सकता है।

हर एक को ताजा जानकारी देने के लिए एक चार्ट बनाएँ, जिसमें उस काम के प्रत्येक हिस्से और इसे करने वाले की सूची है। इसमें डेडलाइन और अन्य प्रासंगिक जानकारी भी होनी चाहिए। आसान संदर्भ के लिए इस चार्ट को कार्यालय में लगा दें।

4.

व्यक्तिगत शक्ति को खोजे

अक्सर हमारा लक्ष्य खो जाता है, क्योंकि हम तनावपर्ण स्थि. ति में अच्छी चीजें देख नहीं सकते हैं। ऐसी स्थितियों में अनुभव, बुद्धिमत्ता, श्रम, सहज बोध और व्यवहार की योग्यताएँ जैसी व्यावहारिक संपत्तियाँ सकारात्मक परिणाम उत्पन्न करने के लिए बहुत महत्त्वपूर्ण होती हैं। यदि हम अपनी योग्यताओं की संपत्ति के संदर्भ में नकारात्मक चीजों पर ध्यान केंद्रित कर रहे हैं, तो हम "आधा गिलास खाली या आधा गिलास भरा" सिंड्रोम के शिकार हो सकते हैं। जो लोग गिलास को लगातार आधा खाली देखते हैं, उनकी जाँच करने पर हमें पता चलता है कि उनके गिलास आम तौर पर भरे हुए नहीं होते।

विशेषताओं की सूची : अपनी विशेषताओं की सूची बनाना एक मूल्यवान कार्य होता है। हममें से ज्यादातर लोग यह मानते हैं कि सूची बनाना नकारात्मक चीज होती है, जिससे चिंता उत्पन्न होती है। लेकिन किसी तनावपूर्ण स्थिति में सूची बनाना उपयोगी होता है। इस चीज की सूची बनाएँ कि हमारे पास क्या-क्या है और हम मेज पर क्या लेकर आते हैं। इसमें हमेशा ऐसे गुणों और विशेषताओं को शामिल करें, जिन्हें हम प्रायः नजरअंदाज कर देते हैं, जिसकी वजह से हमें नुकसान होता है।

विचारणीय है कि हम किसी बहुत निष्पक्ष, संयमशील मित्र से कहें कि वह हमारी मूल्यवान संपत्तियों की सूची बनाने में मदद करे। यह कोई ऐसा व्यक्ति होना चाहिए, जो लोगों को खुश करने की प्रवृत्ति नहीं रखता हो। यह परिवार का कोई सदस्य या साझेदार नहीं

> मेरी मोमबत्ती दोनों सिरों पर जलती है।
> यह रात भी पूरी नहीं कर पाएगी।
> -एडना सेंट विन्सेंट मिले

होना चाहिए, बल्कि ऐसा व्यक्ति होना चाहिए, जो हमें और हमारे जीवन को गौर से देखता हो। वह आपके जो गुण बताएगा, उन पर आपको आश्चर्य होगा। हमारा अगला काम यह है कि हम इस सूची पर विश्वास करें और इसके हिसाब से काम करें।

खुद पर विश्वास करें : खुद पर विश्वास होना मानसिक दृष्टिकोण का मुख्य पहलू है। शुरुआत करने का एक सबसे अच्छा तरीका है कि हम खुद को उन तमाम उपलब्धियों की याद दिलाएँ, जो हमने ज़ीवन में अब तक हासिल की हैं। हमें यह भी याद रखना चाहिए कि किसी स्थिति में हमारे पास कौन-कौन सी व्यक्तिगत शक्तियाँ हैं। यदि हम खुद पर विश्वास करेंगे, तो इसका पुरस्कार यह भी होता है कि दूसरे भी हममें विश्वास करने लगेंगे। इस तरह हम आत्म-शंका से उबर जाएँगे और स्थिरता से आगे बढ़ेंगे।

हमारे चारों तरफ का वातावरण, हमें बदलने की पूरी कोशिश करता है। अक्सर हम अपने अनूठेपन और विशिष्टता का सम्मान करने के बजाय संसार के साथ सहयोग करने लगते हैं। हमारे फिंगरप्रिंट ही अरबों लोगों के फिंगरप्रिंट से ना केवल अलग होते हैं बल्कि हमारा खास व्यक्तित्व भी अनूठा होता है, जो सिर्फ हमारा होता है।

उन लोगों के बारे में सोचें, जिन्होंने पिछले कुछ दशकों में हमारे सांस्कृतिक, राजनीतिक और आहार तक के परिदृश्य बदले हैं। उनमें से ज्यादातर इसलिए अलग हटकर दिखे, क्योंकि उनमें चीजों को अपनी खुद की शैली में करने या अपनी खुद की विचित्रताओं में विश्वास करने का साहस था। शायद हरा होना आसान नहीं होता है, लेकिन वे कम से कम पीले तो नहीं थे।

अपने पर विश्वास : महान जीवन का अनिवार्य घटक अपने पर विश्वास करना है। यह स्पष्ट लगता है, लेकिन अगर ज्यादा लोग खुद में विश्वास करते होते, तो संसार का हुलिया ही अलग होता। तब लोगों को खुश करने की प्रवृत्ति कम होती, जो झूठ बोलने का पर्याय है।

कोई भी दूसरों में स्व-विश्वास पहचान सकता हैं। वास्तव में, यह उन लोगों में होता है, जिनके आस-पास रहने पर हम सबसे ज्यादा खुश होते हैं, चाहे हम

वहाँ खुद पहुँचे हों या नहीं।

जिनमें विश्वास की कमी होती है। वे विनम्र या शालीन नहीं होते। इसके विपरीत वे दूसरों के लिए बोझ होते हैं। उनमें चिंतित, शायद जरूरतमंद और अक्सर नाराज होने की प्रवृत्ति होती है। दूसरी ओर, जो व्यक्ति सचमुच आत्मबोधी होते हैं, ना सिर्फ हम उन पर भरोसा कर सकते हैं, बल्कि हम सामाजिक, पारिवारिक और कामकाजी स्थितियों में भी उन पर भरोसा कर सकते हैं। उनका स्वभाव काम करते समय भी आनंद लेने का होता है। सुरक्षित होने की वजह से वे दूसरों का पक्ष लेते हैं।

छिपने की जरूरत नहीं : बहुत लोग खुद पर विश्वास करते हैं, और नकाब भी नहीं पहनते। वे गिरगिट की तरह रंग नहीं बदलते हैं। हमें यह अंदाजा नहीं लगाना पड़ता है कि वे लोगों को खुश कर रहे हैं या नहीं। हमें यह अंदाजा भी नहीं लगाना पड़ता कि उनकी कही और की गई बात पर भरोसा किया जा सकता है या नहीं।

खुद पर विश्वास को गलती से अपना महिमामंडन, डींगें हाँकना या अहंकार नहीं समझना चाहिए। वास्तव में, यह कहा गया है कि हम विनम्रता का सच्चा अहसास सिर्फ तभी दिखाते हैं, जब हम हमेशा दूसरों को ज्यादा महत्त्वपूर्ण बनाने के बजाय अपनी महत्ता को स्वीकार करते हैं। सुरक्षित लोग प्रशंसा की ताक में नहीं रहते हैं और सम्मान की खातिर लड़ते नहीं हैं, इसलिए उनके आस-पास रहना ज्यादा आसान होता है।

अनुशंसित अभ्यास : यदि आप हम भविष्य में होने वाली अपनी रिटायरमेंट पार्टी का चित्र देखें, तो हमें खुद के बारे में बहुत अच्छी तरह से पता चल जाएगा। भविष्य में होने वाली घटना की फंतासी हमें अपनी व्यक्तिगत शक्ति या गुणों के बारे में क्या बता सकती है? पार्टी की तस्वीर देखें और नीचे दिए गए खाली स्थान भरें :

"मैं चाहता हूँ मेरे परिवार के सदस्य यह कहें कि..."

"मैं चाहता हूँ मेरी कामकाजी टीम या स्टाफ के सदस्य यह कहें कि..."

"मैं चाहता हूँ मेरे अधिकारी यह कहें कि..."

अब यह निर्णय लें कि अगले छह महीने में हम कौन से व्यक्तिगत गुण

बढ़ा सकते हैं, ताकि यह सुनिश्चित हो जाए कि हमारे ये नजदीकी लोग हमारे बारे में ज्यादा संतुष्टिदायक बातें कहें।

डेल कारनेगी आत्मविश्वास और व्यक्तिगत शक्ति बढ़ाने के लिए छः तरीकों का सुझाव देते हैं :-

स्व-स्वीकृति : यह इंसान के रूप में खुद को स्वीकार करने की हमारी योग्यता है। यह तब आती है, जब हम अपने सकारात्मक गुणों, शक्तियों और अनूठी विशेषताओं पर ध्यान केंद्रित करते हैं, जिनकी बदौलत ही हम वह बनते हैं जो हम हैं। जब हम इन क्षेत्रों पर ध्यान केंद्रित करते हैं, तो आत्मविश्वास और आत्म-गौरव दोनों पर ही सकारात्मक प्रभाव पड़ता है। अपनी शक्तियों के बजाय अपनी कमजोरियों पर ध्यान केंद्रित करना ज्यादा आम होता है। हमें सकारात्मक तस्वीरों पर ध्यान केंद्रित करने में खुद की और दूसरों की भी मदद करनी चाहिए।

आत्म-सम्मान : इसका मतलब है अपनी पिछली सफलताओं और उपल. ब्धियों पर ध्यान केंद्रित करना और अपनी नेकी के लिए खुद की कद्र करना। जब हम अपनी सफलताओं के बारे में सोचने में समय लगाते हैं, तो हमारा दृष्टिकोण बदल जाता है और हमारा आत्मसम्मान व आत्मविश्वास बढ़ जाता है। "सफलता की सूची" बनाना एक मूल्यवान अभ्यास है। यह जीवन भर की हमारी सफलताओं और उपलब्धियों की सूची है।

आत्म-चर्चा : जब हम ऊपर बताई गई दो श्रेणियों को मिला देते हैं, तो हम एक आत्म-चर्चा तैयार कर लेते हैं, जिसके समर्थन में प्रमाण होता है। आत्म-चर्चा हमें उन गुणों और उपलब्धियों की याद दिलाती है, जिन पर हमें सबसे ज्यादा गर्व है। यह उस एकमात्र चीज की बागडोर दोबारा थामने का औजार है, जिस पर हमारा चरम नियंत्रण होता है – हमारी सोच।

जोखिम लें : हम नए अनुभवों को जीत या हार के अवसर मानने के बजाय सीखने के अवसर भी मान सकते हैं। जब हम जोखिम लेते हैं, तो हमारे आरामदेह दायरे का विस्तार होता है। ऐसा करने से नई संभावनाओं के द्वार खुल जाते हैं और इससे आत्म-स्वीकृति तथा आत्मसम्मान का अहसास बढ़ सकता है।

असली स्वरूप : जब हम ऊपर बताई सारी श्रेणियों को जोड़ लेते हैं, तो हमारा आत्मविश्वास और आत्म-गौरव बढ़ जाता है। इससे हमारे अपने असल

स्वरूप में रहने की संभावना बढ़ जाती है। दूसरों से ईर्ष्या करने और उनकी नकल करने की कोशिश से आत्मविश्वास जितना ज्यादा कम होता है, उतना किसी दूसरी चीज से नहीं होता। यदि हम अपने अनूठे स्वरूप को स्वीकार कर लेते हैं और उसी स्वरूप में रहते हैं, तो लोग हमारी तरफ आकर्षित होंगे और स्व-महत्ता की हमारी भावनाएँ और ज्यादा बढ़ जाएँगी।

समर्थन तंत्र बनाएँ : हम कितने भी आत्मविश्वासी बन जाएं लेकिन, हमारे आत्मविश्वास को कम करने वाली घटनाएँ और लोग हमेशा हमारे आसपास रहेंगे। अपने जीवन में मौजूद उन लोगों के बारे में सोचें, जो आपको अपने बारे में अच्छा महसूस कराते हैं और सकारात्मक ऊर्जा प्रसारित करते हैं। जब आप खुद से निराश हों, तो इन लोगों से समर्थन हासिल करें।

डेल कारनेगी खुद के लिए ये लिखने का सुझाव देते हैं : एक संक्षिप्त प्रेरक चर्चा, तीन चीजें लिखे जिन पर आपको सबसे ज्यादा गर्व है और एक जोखिम के बारे में लिखें, जो हम निकट भविष्य में लेने वाले हैं।

5.

विश्वास और दृढ़ता से बात करें

क्या जरा-सा भी कारण है कि आप बैठकर जितनी अच्छी तरह सोच सकते हैं, किसी श्रोतासमूह के सामने खड़े होकर उतनी अच्छी तरह नहीं सोच सकते? क्या जरा-सा भी कारण है कि जब आप उठकर श्रोताओं को संबोधित करते हैं, तो आपके पेट में अजीब गुदगुदी होने लगती है और आप "कँपकँपी" के शिकार हो जाते हैं। निश्चित रूप से आपको अहसास होता है कि इस परिस्थिति का इलाज किया जा सकता है। प्रशिक्षण और अभ्यास आपके मन से श्रोताओं के सामने बोलने का डर दूर कर देगा तथा आपको आत्मविश्वास देगा।

तैयारी - सफल व्याख्यानों का पहला कदम

सार्वजनिक व्याख्यान देने के लिए अच्छी तैयारी अनिवार्य है। यह कारोबारी स्थिति में कैसे किया जाए, इस पर अगले अध्याय में बातचीत की जाएगी। बहरहाल, अगर हमसे अपने बेटे या बेटी की क्लास में, किसी सामाजिक संगठन की सभा में या किसी अन्य समूह के सामने बोलने को कहा जाए और हमें कोई विषय चुनना हो, तो सर्वश्रेष्ठ विकल्प किसी ऐसी चीज के बारे में बात करना है, जिसे हम जानते हैं और काफी अच्छी तरह जानते हैं। किसी व्याख्यान की तैयारी में दस मिनट या दस घंटे न लगाएँ : दस सप्ताह या दस महीने लगाएँ - इससे भी बेहतर है, दस साल लगाएँ।

किसी ऐसी चीज के बारे में बोलें, जिसमें हमारी गहरी रुचि है। किसी ऐसी चीज के बारे में बोलें, जिसे अपने श्रोताओं तक पहुँचाने की हमारी गहरी इच्छा है।

डेल कारनेगी अपनी क्लास की एक सदस्य गे के से जुड़ी एक कहानी बताते हैं। गे जब तक कारनेगी के सार्वजनिक संभाषण कोर्स में नहीं आई

थी, तब तक उसने लोगों के सामने कभी व्याख्यान नहीं दिया था।

वह दहशत में थी। उसे डर लग रहा था कि सबके सामने बोलना एक जटिल कला है. जिसमें माहिर होना उसके बूते की बात नहीं है। लेकिन कोर्स के चौथे सत्र में ही उसने बिना तैयारी के एक व्याख्यान देकर श्रोताओं को मंत्रमुग्ध कर लिया। उससे कहा गया कि वह "मेरे जीवन का सबसे बड़ा अफसोस" विषय पर बोले। गे ने बहुत ही मर्मस्पर्शी व्याख्यान दिया। श्रोताओं की आँखें भर आई थीं। यहाँ तक कि कारनेगी की आँखें भी डबडबा आईं। उसकी चर्चा इस तरह थी :

"मेरे जीवन का सबसे बड़ा अफसोस यह है कि मुझे कभी पता नहीं चला कि माँ का प्यार क्या होता है। जब मैं सिर्फ एक साल की थी, तभी मेरी माँ का देहांत हो गया। मुझे चाचियों और दूसरे रिश्तेदारों ने पाला, जो अपने खुद के बच्चे पालने में इतनी तल्लीन रहती थीं कि उनके पास मेरे लिए वक्त ही नहीं था। मैं उनमें से किसी के यहाँ भी ज्यादा समय नहीं रुकी। वे लोग हमेशा मुझे आते देखकर दु:खी होते थे और जाते देखकर खुश होते थे। उन्होंने मुझमें कभी रुचि नहीं ली और मुझे कभी प्रेम नहीं किया। मैं जानती थी कि मुझे कोई नहीं चाहता। बचपन में भी मैं इसे महसूस कर सकती थी। अकेलेपन की वजह से मैं अक्सर रोते-रोते सोती थी। मेरे दिल का सबसे बड़ा अरमान यह था कि कोई स्कूल में मेरा रिपोर्ट कार्ड देखने आए। लेकिन किसी ने भी ऐसा नहीं किया। किसी को परवाह ही नहीं थी। मैं बचपन में बस प्रेम चाहती थी - और यह मुझे किसी से भी, कभी नहीं मिला।"

क्या गे ने इस व्याख्यान की तैयारी में दस साल लगाए थे? नहीं। उसने बीस साल लगाए थे। वह उस व्याख्यान देने की तैयारी तब से कर रही थी, जब वह बचपन में रोते-रोते सोती थी। वह इसकी तैयारी तब से कर रही थी, जब स्कूल में उसका रिपोर्ट कार्ड देखने के लिए किसी के न आने से उसका दिल दु:ख जाता था। कोई हैरानी नहीं कि वह इस विषय पर बात कर सकती थी। वह अपने मन से बचपन की यादों को मिटा नहीं सकती थी। गे को अपने दिल की गहराई में रची-बसी दु:खद यादों और भावनाओं के भंडार तक पहुँचने की जरूरत थी। उसे उन्हें उभारने की जरूरत नहीं

थी। उसे उस व्याख्यान पर मेहनत करने की जरूरत नहीं थी। उसे तो बस यह जरूरत थी कि वह अपनी दबी हुई भावनाओं और यादों को सतह तक उसी तरह आने दे, जिस तरह तेल किसी कुएँ से आता है।

अपरिचित विषय पर व्याख्यान तैयार करना

हमसे किसी ऐसे विषय पर बोलने को कहा जा सकता है, जिसके बारे में हमें बहुत कम अनुभव है या बिलकुल भी नहीं है। यह अक्सर कारोबारी प्रस्तुति के मामले में होता है। इनमें से ज्यादातर प्रस्तुतियों का उद्देश्य किसी से कोई काम कराना होता है – किसी ग्राहक से खरीदारी का वादा लेना, किसी लंबे प्रोजेक्ट के बीच में अगला कदम बताना, दिशा बदलने का निर्णय लेना – जो आम प्रस्तुतियों के उदाहरण हैं।

इसकी तैयारी करते वक्त अंत में जो काम हम अपने श्रोताओं से चाहते हैं, उसको दिमाग में रखकर शुरुआत करें और उस बिंदु से उलटे लौटते हुए काम करें। प्रस्तुति तैयार करते वक्त हम ऐसा उदाहरण/घटना खोजते हैं, जो ध्यान आकर्षित करे और हमारा मनचाहा काम कराने की दिशा में प्रेरित करे। किसी घटना को चित्रात्मक बनाकर हम दूसरों के व्यवहार को प्रभावित कर सकते हैं। यह वह प्रमाण होगा, जो श्रोताओं को विश्वास दिलाएगा कि उन्हें वह काम करना चाहिए। उदाहरण बताते समय हमें अपने अनुभव को इस तरह बताना चाहिए, ताकि श्रोताओं पर वैसा ही प्रभाव पड़े, जैसा हम पर पड़ा था। इससे हमारे बिंदु स्पष्ट हो जाएँगे, गहरे बन जाएँगे और नाटकीय बन जाएँगे। वे हमारे श्रोताओं के लिए रोचक और मोहक भी बन जाएँगे।

> समय कम है। इसलिए हमें धीमे चलना चाहिए। -प्राचीन चीनी कहावत

फिर हमें शोध करके ज्यादा से ज्यादा जानकारी हासिल करनी चाहिए। अच्छी प्रस्तुति देने के लिए हमारे पास व्याख्यान में लगने वाली सामग्री से दस गुना ज्यादा जानकारी होनी चाहिए। अपने बिंदुओं के समर्थन में प्रमाण पेश करें। प्रमाण के प्रभावी इस्तेमाल पर अध्याय 6 में चर्चा की जाएगी।

अंत में, समापन की तैयारी करें। प्रस्तुति का अंत श्रोताओं को कर्म के लिए प्रोत्साहित करने के सर्वश्रेष्ठ तरीकों में से एक है। हम देखेंगे कि श्रोताओं के फायदे गिनाकर अपनी प्रस्तुति खत्म करने से लाभकारी

परिणाम मिलते हैं।

शक्तिशाली व्याख्यानों का जादुई फॉर्मूला

हम एक सरल और आसानी से अमल करने वाली तीन कदमों की नीति का इस्तेमाल करके भटकाव भरे, असंबद्ध व नीरस व्याख्यानों से बच सकते हैं। यह जादुई ढंग से हमारी प्रस्तुति को जोशीले और शक्तिशाली व्याख्यान में बदल देती है।

जादुई फॉर्मूले में तीन कदम शामिल हैं :

घटना : उस बिंदु के बारे में किसी घटना या प्रसंग को बताना, जिसे हम रखना चाहते हैं। यह श्रोताओं का ध्यान आकर्षित करने और कायम रखने का अचूक तरीका है।

कर्म : फिर बताएँ कि हम अपने श्रोताओं से कौन-सा काम कराना चाहते हैं।

लाभ : अंत में यह बताएँ कि इस काम से श्रोताओं को कैसे लाभ होगा।

यदि हम दूसरों को राजी करना चाहते हैं, तो हमें खुद सजग और सजीव होना चाहिए। हमें ईमानदारी और उत्साह के साथ बोलना चाहिए। हमें इस तरह बोलना चाहिए, ताकि हमारे श्रोता यह महसूस करें कि हम अपने कहे हर शब्द पर विश्वास करते हैं।

घटना : अपनी रिपोर्ट हमेशा घटना से शुरू करें। क्यों? घटना हमारे श्रोताओं का ध्यान तुरंत खींच लेती है और यह हमारे संवाद को अधिक बातचीत जैसा बना देती है।

जादुई फॉर्मूले का इस्तेमाल करते समय यह सुनिश्चित करें कि हमारे कार्य और लाभ कदम दोनों ही संक्षिप्त, स्पष्ट और विशिष्ट हों। यह घटना किसी ऐसे अनुभव पर आधारित होती है, जिसने हमें एक सबक सिखाया। याद रखें, हमारे बिंदु को यह बताना चाहिए कि हम अपने श्रोताओं से कौन-सा कर्म कराना चाहते हैं। कार्य कदम जितना विशिष्ट होता है, उतना ही बेहतर होता है। स्पष्टता से संवाद करने के लिए एक विशिष्ट कार्य और एक विशिष्ट लाभ को पहचानें।

कर्म : जादुई फॉर्मूले के दूसरे कदम कर्म का मतलब है कि हम अपने श्रोताओं से क्या कराना चाहते हैं। यह हमारा प्रॉडक्ट खरीदना, सांसद को पत्र लिखना, धूम्रपान छोड़ना या विषय के बारे में ज्यादा सोचना हो सकता है। आप जितने समय तक संदेश देंगे, तैयारी में उससे क्रम से कम तीन गुना ज्यादा समय लगाएँ।

लाभ : जादुई फॉर्मूले के तीसरे कदम लाभ में यह बताया जाता है कि श्रोताओं को आपका बताया काम करने से कौन-से लाभ मिलेंगे।

मिसाल के तौर पर, "इस घटक का इस्तेमाल करने पर आपके (प्रॉडक्ट का नाम) के उत्पादन में लगने वाले समय और लागत दोनों में कमी हो जाएगी।"

"धूम्रपान छोड़ने से न सिर्फ हम ज्यादा स्वस्थ होंगे और ज्यादा जिएँगे, बल्कि इससे हमारे परिवार भी सेकेंड हैंड धूम्रपान के दुष्प्रभावों से बचेंगे।"

श्रोता के दृष्टिकोण से बोलें : परिवर्तन करने के लिए दूसरों को प्रेरित करने की हमारी योग्यता काफी हद तक अपने श्रोताओं के दृष्टिकोण से बोलने की योग्यता पर निर्भर करती है। प्रस्तुति की शुरुआत में ही हमें अपने श्रोताओं का विश्वास हासिल करना चाहिए। सकारात्मक ध्यान पाने और परिवर्तन की आवश्यकता स्थापित करने का काम जल्दी ही कर लेना चाहिए। कोई घटना बताना इसका प्रभावी तरीका है। विश्वास दिलाने के लिए उन्हें वह प्रमाण दिखाएँ, जो उनके दृष्टिकोण से परिवर्तन की आवश्यकता का समर्थन करता हो। श्रोताओं को यह महसूस नहीं होना चाहिए कि परिवर्तन उन पर थोपा जा रहा है- उन्हें परिवर्तन को तार्किक विकल्प मानना चाहिए।

परिवर्तन की आवश्यकता स्थापित करने के बाद हम हर विकल्प के लाभ-हानि बताते हैं। हमें यह सुनिश्चित करना चाहिए कि विकल्पों पर हमारे श्रोताओं के दृष्टिकोण से विचार किया जाए और उन्हें विश्वसनीय तथा संतुलित अंदाज में पेश किया जाए।

हम अंत में प्रमाण के साथ सर्वश्रेष्ठ विकल्प का समर्थन करते हुए बताते हैं कि उन्हें कौन-सा काम करना है और इससे उन्हें क्या लाभ होगा। इस तरह हम अपने श्रोताओं को विशिष्ट परिवर्तन को स्वीकार करने के

लिए प्रेरित करते हैं, जिससे वांछित परिणाम मिलेगा।

व्याख्यानों की तैयारी और प्रस्तुति कैसे करें

ये आठ सिद्धांत व्याख्यान तैयार करने में बहुत मदद करेंगे :

1. हम जो रोचक चीजें बताना चाहते हैं, उनके संक्षिप्त नोट्स लिखें।
2. व्याख्यान पूरा न लिखें। ऐसा करने पर हम बातचीत की सरल भाषा के बजाय लिखित भाषा का इस्तेमाल करेंगे। बोलते समय शायद हम अपने लिखे व्याख्यान को याद करने की कोशिश भी कर सकते हैं। इससे हम सहज और प्रभावशाली अंदाज में अपनी बात नहीं रख पाएँगे।
3. कभी किसी व्याख्यान को शब्द दर शब्द याद न करें। यदि हम किसी व्याख्यान को रटते हैं, तो यह तय है कि हम इसे बीच में कहीं पर भूल जाएँगे और श्रोता शायद इस बात से खुश होंगे, क्योंकि कोई भी रटारटाया भाषण नहीं सुनना चाहता। भले ही हम इसे न भूलें, लेकिन यह बात सबको समझ में आ जाएगी कि इसे रटा गया है। हमारी आँखों में दूरी का भाव होगा और हमारी आवाज में भी दूरी का पुट होगा।
4. यदि हमें यह डर सता रहा है कि कोई लंबा व्याख्यान देते समय हम अपने महत्त्वपूर्ण बिंदु भूल जाएँगे, तो कुछ संक्षिप्त नोट्स लिख लें और कभी-कभार उन पर निगाह डालते रहें।
5. अपने व्याख्यान को उदाहरणों और दृष्टांतों से भर लें। किसी बातचीत को रोचक बनाने का सबसे आसान तरीका इसे उदाहरणों से भरना होता है।
6. बिंदुओं को चित्रात्मक ढंग से स्पष्ट करने के लिए कहानियाँ और रोचक प्रसंग बताएँ। बताएँ कि हमने या हमारे किसी परिचित ने उसे कैसे आजमाया। विशिष्ट उदाहरण दें कि हमने उस विषय पर शोध से क्या सीखा।
7. विषय के विशेषज्ञ बनें। अतिरिक्त शक्ति नामक बेशकीमती संपत्ति विकसित करें। व्याख्यान में विषय संबंधी जितनी जानकारी दे रहे हों, उससे दस गुना ज्यादा जानकारी रखें।

8. दोस्तों से चर्चा करके व्याख्यान की रिहर्सल करें - पूरी रिहर्सल जरूरी नहीं है, बस व्याख्यान के दृष्टिकोण और मुख्य बिंदुओं को आजमाकर देखें, ताकि उनकी प्रतिक्रिया मिल सके। इससे हमें इस बात का पता चल जाता है कि हमारे हँसी-मजाक या चुटकुलों पर श्रोता कैसे प्रतिक्रिया करेंगे और वे किन टिप्पणियों में रुचि लेंगे। स्पष्ट रूप से आईने के सामने खड़े होकर व्याख्यान की रिहर्सल करने से हमें ऐसी प्रतिक्रिया नहीं मिल सकती।

घटना की शक्ति बढ़ाएँ : प्रभावी संवाद के लिए हमें सिर्फ अपनी आवाज का ही इस्तेमाल नहीं करना चाहिए। हमें शारीरिक जीवंतता या मुद्राओं का भी इस्तेमाल करना चाहिए। दूसरे शब्दों में, अपने पूरे शरीर का इस्तेमाल करें। नैसर्गिक, शक्तिशाली और स्वाभाविक मुद्राएँ दो कारणों से बेहद शक्तिशाली होती हैं:

- मुद्राएँ वक्ता को उद्दीप्त और प्रेरित करती हैं। मुद्राएँ हमें जगाती हैं, मुक्त करती हैं और तनावरहित करती हैं। मुद्राओं का इस्तेमाल हम शारीरिक, मानसिक और भावनात्मक रूप से प्रेरित होते हैं।
- मुद्राएँ श्रोताओं पर भी प्रभाव डालती हैं। श्रोताओं पर मुद्राओं का स्पष्ट भावनात्मक प्रभाव पड़ता है और कई बार नाटकीय भी। संसार के कुछ सबसे महान वक्ताओं के बारे में सोचें। लगभग हर मामले में सहज, स्वाभाविक मुद्राओं के इस्तेमाल से वक्ता और उसके संदेश का प्रभाव बढ़ जाता है।

किसी श्रोतासमूह के सामने अपनी बॉडी लैंग्वेज के बारे में सतर्क रहें।

- हाथ-पैर बाँधकर न खड़े हों।
- अपने शरीर के सामने पर्स, कागज या कॉफी कप जैसा कोई अव. रोध न रखें।
- पैर चौड़े खोलकर न खड़े हों।
- शरीर के सामने या बगल में हाथ न बाँधे।
- सिर नीचे रखकर लेक्चर स्टैंड की तरफ न देखें (लिखे पन्ने पढ़ना।
- सिर सीधा, ठुड्डी ऊपर और सीना बाहर रखें।
- कंधे पीछे रखें।

- समूह के साथ आँखों का संपर्क रखें।
- उचित रूप से मुस्कराएँ।

बेहतर अभिव्यक्ति के पाँच कदम : कुछ लोगों के मामले में खराब अभिव्यक्ति उनकी भाषा के प्रभाव को घटा देती है - और अक्सर हममें से कई यह जानते ही नहीं हैं कि हमारी आवाज दूसरों को कैसी सुनाई देती है। हम खुद की बातें उस तरह से नहीं सुन पाते हैं, जिस तरह दूसरे सुनते हैं। जैसा फोन संबंधी बातचीत में बताया गया था, सिर्फ अपनी भाषा की अच्छी रिकॉर्डिंग सुनकर ही हम यह बात सचमुच समझ सकते हैं कि हमारी आवाज दूसरों को कैसी सुनाई देती है। लेकिन अगर हम पत्रिका के कई पैरे पढ़कर रिकॉर्ड करें, तो यह असली नहीं होगी। हमें अपनी आवाज इस तरह टेप करनी चाहिए कि हमें इसके रिकॉर्ड होने का अहसास ही न रहे। एक आसान तरीका यह है कि आवाज से सक्रिय होने वाला टेप रिकॉर्डर अपनी डेस्क पर दिन भर रखें। उस दिन हम जो भी बोलते हैं, वह सब रिकॉर्ड हो जाएगा, चाहे हम आमने-सामने बात कर रहे हों या फोन पर कर रहे हों। फिर रिकॉर्डिंग को सुनने से हमें पता चल जाएगा कि हमारे साथ भाषा संबंधी समस्याएँ हैं या नहीं।

अभिव्यक्ति को बेहतर बनाएँ : डैनी एक सुपरवाइजर है। कर्मचारियों को आदेश या निर्देश देते समय वह बुदबुदाता है। उसके शब्द अस्पष्ट होते हैं और यह समझना मुश्किल होता है कि वह क्या कह रहा है। लेकिन उसके कर्मचारी उसे यह बताने में झिझकते हैं कि वह बुदबुदा रहा है, इसलिए वे उसकी बातों का अंदाजा लगाते हैं - और अक्सर गलत अंदाजा लगा लेते हैं। इस वजह से गलतियाँ होती हैं, डेडलाइन तक काम पूरा नहीं हो पाता है और कई अन्य समस्याएँ भी उत्पन्न होती हैं।

कैरी बहुत प्रतिभाशाली है। वह बहुत तेजी से सोचती है और बहुत तेजी से बोलती भी है, क्योंकि वह अपने विचारों के साथ चलने की कोशिश करती है। दुर्भाग्य से उसके श्रोता उसकी बराबरी नहीं कर पाते और उसकी कही बहुत-सी बातें चूक जाते हैं।

डैरिल की कहानी इसके ठीक विपरीत है। वह बहुत धीमे बोलता है।

उसकी बातें समझना तो आसान होता है, लेकिन उसके श्रोता अक्सर कूदकर आगे पहुँच जाते हैं और अनुमान लगाने लगते हैं कि वह क्या कहने वाला है – अक्सर गलत अनुमान।

टेरी, मैरी और जेरी अपनी भाषा में अतिरिक्त ध्वनियाँ, शब्द या वाक्यांश जोड़ देते हैं। टेरी हर शब्द में "अर" जोड़ देता है; मैरी हर वाक्य के बाद "आप जानते हैं" बोलती है और जेरी हर वाक्य के बाद कहता है, "ठीक है!" हम ध्यान भटकाने वाली ऐसी ध्वनियों या अभिव्यक्तियों को "तकियाकलाम" कहते हैं।

ये अभिव्यक्ति की सबसे बड़ी समस्याएँ हैं, जो बहुत आम हैं। दिलचस्प बात यह है कि इन समस्याओं से ग्रस्त ज्यादातर लोगों को तो यह अहसास भी नहीं होता कि उनके साथ ये समस्याएँ हैं। अपनी आवाज की रिकॉर्डिंग सुनने के बाद ही उन्हें यह समझ आता है कि वे बुदबुदा रहे हैं, बहुत तेज या धीमे बोल रहे हैं या अपने वाक्यों में अर्थहीन ध्वनियाँ, शब्द या वाक्यांश जोड़ रहे हैं।

इन समस्याओं को सुधारने के लिए बस जागरूकता की जरूरत है। हम जो बोलते हैं, उसे टेप करके सुनने से ही ये दूर हो जाएँगी। जब लोग जागरूक हो जाते हैं कि वे बुदबुदाते हैं, तो वे बुदबुदाना छोड़ने की कोशिश करेंगे। जब किसी को यह पता चल जाता है कि उसका बोला गया हर पाँचवाँ शब्द "आप जानते हैं" का वाक्यांश होता है, तो वह "आप जानते हैं" बोलना छोड़ देगा।

भाषा के दोषों से उबरना : यदि किसी में हकलाहट जैसा गंभीर भाषाई दोष है, तो वह संभवतः ऐसी स्थितियों से बचेगा, जिनमें बहुत मौखिक संवाद की जरूरत हो। बहरहाल, हाल के वर्षों में ऐसे लोगों की मदद के लिए बहुत कुछ सीखा गया है।

सीनेटर जॉन ग्लेन की पत्नी एन ग्लेन एक मशहूर उदाहरण हैं। वे हकलाने की गंभीर समस्या से उबरें और अपने पति के चुनाव अभियान में उन्होंने सक्रियता से भाषण दिए।

इवान रूस से आकर अमेरिका में बस गया था, हालाँकि उसने रूस

में अंग्रेजी सीखी थी, लेकिन अमेरिकियों के लिए उसका उच्चारण समझना बहुत मुश्किल था। इंजीनियर होने के बावजूद भाषा की इस समस्या के कारण वह अपने करियर में तरक्की नहीं कर पा रहा था। करियर परामर्शदाता के सुझाव पर उसने भाषा थेरेपिस्ट की मदद ली। एक साल में ही इवान की भाषा इतनी ज्यादा सुधर गई कि उसे प्रमोशन देकर प्रबंधक बना दिया गया, जहाँ उसे कंपनी के भीतर और बाहर दोनों जगह अधिकारियों से संवाद करना होता था।

भाषा थेरेपी ज्यादातर विश्वविद्यालयों में उपलब्ध है। यह सभी तरह के भाषाई दोषों या विदेशी उच्चारण के मामले में बहुत सहायक हो सकती है।

लहजा अत्यंत महत्त्वपूर्ण है : क्लॉड एक सुर में बोलता है। क्लॉड जो कह रहा है, उसे समझना मुश्किल नहीं होता। उसका उच्चारण बहुत अच्छा है। इसके बावजूद क्लॉड की बात पर ध्यान केंद्रित रखना मुश्किल होता है, क्योंकि वह अपनी आवाज में स्वराघात और स्वर-परिवर्तन का इस्तेमाल नहीं करता है। जो लोग एक ही सुर में बोलते हैं, वे अपने श्रोताओं की रुचि जाग्रत नहीं कर पाते हैं। दूसरी भाषाई समस्याओं की तरह ही इस समस्या से ग्रस्त लोगों को भी यह अहसास नहीं होता है कि वे एक सुर में बोलते हैं। अपनी बातें टेप करके सुनने से उन्हें यह बात पता चल जाती है और जागरूक होने पर वे इससे उबरने की स्पष्ट कोशिश कर सकते हैं।

उचित गति चुनें : हम जिस गति से बोलते हैं, उससे भी संदेश पर असर पड़ता है। यदि हम तात्कालिकता या रोमांच व्यक्त करना चाहते हैं, तो गति को बढ़ाना सबसे अच्छा रहता है। जब हम डेडलाइन पूरी करने के लिए कर्मचारियों से ज्यादा तेजी से काम करने को कहते हैं, तब अगर हम धीमे बोलेंगे, तो तात्कालिकता का आवश्यक अहसास उत्पन्न नहीं हो पाएगा।

दूसरी ओर, यदि हम चाहते हैं कि कोई बात अंदर बैठ जाए, तो हमें इसे ज्यादा धीमे कहना चाहिए। "हमारे काम की गुणवत्ता के बारे में बहुत सारी शिकायतें आई हैं, अगर आप - में - से - हर - व्यक्ति - अपने - काम - की जाँच - करने में - एक और मिनट - लगा ले, तो यह समस्या दूर हो सकती है।"

आवाज की तीव्रता को नियंत्रित करें

बोले गए संदेश में अपनी आवाज ऊपर-नीचे करना लिखे हुए शब्दों को इटेलिक करने जैसा होता है। आवाज ऊँची हो या नीची, यह संदेश पर निर्भर करता है।

सावधानी : जब कोई किसी बिंदु पर जोर देना चाहता है, तो चिल्लाने का बहुत प्रलोभन होता है। मगर ध्यान रहे, चिल्लाने से ध्यान भटक सकता है या नकारात्मक प्रभाव भी पड़ सकता है। वॉल्यूम को नियंत्रित करना चाहिए, ताकि हम बहुत ज्यादा जोर से या बहुत धीमे न बोलें। यदि हमारी आवाज जोरदार है, तो वॉल्यूम को सावधानी से नियंत्रित करना खास तौर पर महत्त्वपूर्ण होता है। यह सार्वजनिक भाषणों में बहुत मायने रखता है, जहाँ माइक्रोफोन का इस्तेमाल किया जा सकता है। बहुत ऊंचा वॉल्यूम बड़ी आसानी से माइक्रोफोन पर किसी की भी आवाज को विकृत कर सकता है। चाहे आवाज नैसर्गिक रूप से धीमी हो या तेज, यह सामने वाले को कैसे सुनाई देती है, इस पर सावधानीपूर्ण ध्यान देना और गंभीर अभ्यास करना वॉल्यूम को नियंत्रित करने में सहायक होगा।

चाहे हम निजी बातचीत कर रहे हों या सार्वजनिक, इन सुझावों पर अमल करने से हमारी बात ज्यादा आसानी से श्रोताओं को समझ आएगी और उन पर ज्यादा सकारात्मक प्रभाव पड़ेगा।

श्रोताओं को पसंद आने के बारह तरीके

श्रोता हमारे संदेश अच्छी तरह सुनें, इसके लिए यह जरूरी है कि वे हमें पसंद करें। यहाँ श्रोताओं का दिल जीतने और उन्हें प्रभावित करने के बारह अचूक सिद्धांत बताए जा रहे हैं, जो समय की जाँच में खरे उतरे हैं।

1. किसी समूह को संबोधित करने का अवसर मिलने पर खुद को सम्मानित महसूस करें - और यह बात बता भी दें! समूह चाहे कितना भी बड़ा हो या कैसा भी हो, उसके सामने बोलने का आमंत्रण लगभग हमेशा गौरव की बात होती है। कृतज्ञता जताना शिष्टाचार का मामला है। इससे श्रोताओं का समूह हमें ज्यादा पसंद करेगा।

2. अपने श्रोताओं की सच्ची प्रशंसा करें : कभी किसी समूह के सामने तब तक न बोलें, जब तक कि आप उस समूह के बारे में पहले से ज्यादा से ज्यादा जानकारी हासिल न कर लें। फिर कुछ सेकेंड तक श्रोताओं को समूह के कुछ अच्छे या असाधारण गुण याद दिलाएँ, जिस वजह से हम उन्हें संबोधित करके गौरवान्वित महसूस करते हैं।
3. जब भी संभव हो, कुछ श्रोताओं के नाम लें : इंसान का नाम किसी भी भाषा में उसके लिए सबसे मधुर स्वर होता है, इसलिए जब भी संभव हो, कुछ श्रोताओं के नाम लें। गौर करें, जब नेता किसी सभा में बोलते हैं, तो वे लगभग हमेशा श्रोता समूह में बैठे स्थानीय पदाधिकारियों के नाम लेते हैं।
4. **खुद को ऊपर नहीं - नीचे रखें!** : विनम्रता से आम तौर पर विश्वास और सद्‌भाव प्रेरित होता है। अब्राहम लिंकन इसमें माहिर थे। लिंकन-डगलस बहस के दौरान एक रात एक ब्रास बैंड ने लि कन के सामने संगीत बजाया। जब लिंकन लोगों को संबोधित करने के लिए होटल के कम रोशनी वाले पोर्च में पहुँचे, तो किसी ने लालटेन ऊपर कर दी, ताकि भीड़ लिंकन का घरेलू चेहरा देख सके। लिंकन ने यह कहकर शुरुआत की, "मित्रों, मैं आपको जितना कम दिखूँगा, आप मुझे उतना ही ज्यादा पसंद करेंगे।" लिंकन बाइबल की सलाह की बुद्धिमत्ता जानते थे : "जो खुद को झुकाता है, उसे ऊपर उठाया जाएगा।"
5. **"आप" नहीं , "हम" कहें** : कभी श्रोताओं को नीचा दिखाने का नजरिया न रखें। "आप" के बजाय "हम" कहकर उन्हें व्याख्यान में शामिल करें। वक्ता कहता है: "जब आप चिंतित हों, तो आपको इतना व्यस्त हो जाना चाहिए कि आपके पास अपनी मुश्किलों के बारे में सोचने का समय ही न रहे" अगर वह "आप" दोहराता रहता है, तो लगता है कि वक्ता भाषण दे रहा है और और श्रोताओं को छोटा समझ रहा है। इसके बजाय यह कहें, "जब हम चिंतित होते हैं, तो हमें इतना व्यस्त हो जाना

चाहिए कि हमारे पास हमारी मुश्किलो के बारे में सोचने का समय ही न रहे।" फर्क देखा? जब हम "आप" शब्द का इस्तेमाल करते हैं, तो हम स्वयं को श्रेष्ठतर दिखाने का नजरिया अपनाकर खुद को अप्रिय बना लेते हैं।

चेतावनी का शब्द : "हम" के बहुत ज्यादा इस्तेमाल से ऐसा भी लग सकता है कि वक्ता श्रोताओं को नीचा दिखा रहा है।

6. **त्योरी चढ़े चेहरे और फटकारने वाली आवाज में बात न करे:** याद रखें, हमारे चेहरे के हाव-भाव और हमारी आवाज का लहजा हमारे शब्दों से ज्यादा जोर से बोलता है। चाहे हम निजी बातचीत कर रहे हों या सार्वजनिक, त्योरी चढ़े चेहरे और फटकारने वाली आवाज से किसी को दोस्त नहीं बना सकते। एक पुरानी चीनी सूक्ति है, जिसे आपको और मुझे काटकर अपने हैट के भीतर लगा लेना चाहिए। यह इस तरह है :

7. **अपने श्रोताओं की रुचि के संदर्भ में बात करें :** सभी श्रोता खुद में हमेशा और गहरी रुचि रखते हैं। उनकी रुचि इस बात में होती है कि वे अपनी समस्याएँ कैसे सुलझाएँ। उनकी रुचि बस इतने में ही होती है। इसलिए अगर आप उन्हें यह दिखा देते हैं कि वे ज्यादा खुश कैसे रह सकते हैं, ज्यादा पैसे कैसे कमा सकते हैं, चिंता से छुटकारा कैसे पा सकते हैं और मनचाही चीज कैसे हासिल कर सकते हैं - तो वे खुशी-खुशी सुनेंगे - चाहे हमारी आवाज कैसी भी हो, हमारा हुलिया कैसा भी हो, हम कैसे भी खड़े हों, कैसे भी दिखते हों, कैसी भी मुद्राओं या किसी भी तरह की व्य करण का इस्तेमाल करते हों।

मिसाल के तौर पर, जब एक सेल्स मैनेजर से पूछा गया कि उसने इतनी आसानी से मित्र कैसे बना लिए और उसकी बातचीत इतनी ज्यादा रोचक कैसे हो गई, तो उसने कहा कि उसने बस लोगों से यह पूछा, "आप इस काम में कैसे आए?" फिर उसने मिलने वाले जवाब पर अपनी बातचीत केंद्रित की। उसने घोषणा की कि इस सरल सवाल ने उसके लिए चमत्कार कर दिए हैं, खास तौर पर

अजनबियों के साथ। किसी समूह के सामने बोलने से पहले पता लगाएँ कि उसकी मुख्य चिंताएँ क्या हैं और बातचीत में उन्हीं पर केंद्रित रहें।

8. **व्याख्यान देते समय आनंदित हों :** जब तक हमें बोलने में खुशी नहीं होती हो, हम यह उम्मीद भी कैसे कर सकते हैं कि सामने वाला हमारी बात खुशी से सुनेगा? हमारे मानसिक और भावनात्मक नजरिये चाहे जैसे हों, यह तय है कि वे संक्रामक होते हैं। अगर हमें बोलने, गाने या स्केटिंग करने में मजा आ रहा है, तो हमें देखने–सुनने वाले को भी मजा आएगा। भावनात्मक नजरिये खसरे की तरह संक्रामक होते हैं।

   कोई पूछ सकता है, "मैं व्याख्यान देते समय इतना खुश कैसे हो सकता हूँ?" रहस्य सरल है : किसी ऐसी चीज के बारे में बात करें, जिस पर बात करने का हमने अधिकार अर्जित किया है, जिससे हमारी आँखों में चमक आ जाती है और हमारी आवाज में भावना भर जाती है।

9. **क्षमा न माँगें :** हम सभी ने ऐसे वक्ताओं को सुना है, जो इस तरह की बात कहकर अपना व्याख्यान शुरू करते हैं : "दो सप्ताह पहले तक मुझे पता नहीं था कि मुझे यह व्याख्यान देना है। फिर चेयरमैन ने मुझे बताया कि मुझे अध्यक्ष की जगह पर भाषण देना है।" इस शुरुआती टिप्पणी के बारे में क्या राय है? "मैं सार्वजनिक व्याख्यान देने का आदी नहीं हूँ..." ये वक्ता शुरू करने से पहले ही क्षमा माँग रहे हैं। व्याख्यान देने का कोई आमंत्रण हमें तब तक कभी स्वीकार नहीं करना चाहिए, जब तक कि हम इसकी समुचित तैयारी न कर सकें। यदि हम वह सर्वश्रेष्ठ करते हैं, जो हम कर सकते हैं, तो किसी क्षमा की जरूरत नहीं होगी। यदि हम अपना सर्वश्रेष्ठ नहीं करते हैं, तो हम चाहे कितनी भी क्षमा माँग लें, वह स्वीकार्य नहीं होगी। माफी माँगना आम तौर पर श्रोताओं के समय की बरबादी है, जिससे वे चिढ़ जाते हैं। बहरहाल, यदि हमारे विलंब के पीछे कोई वैध कारण हो, जैसे विमान दूसरी जगह उतर गया हो, ट्रेन देर

से आई हो, तो स्थिति को संक्षेप में बताना मुनासिब होता है। हमें शिष्टता से माफी माँगनी चाहिए और फिर जरा-सा भी समय बरबाद किए बिना व्याख्यान शुरू कर देना चाहिए।

10. **श्रोताओं की ज्यादा अच्छी भावनाओं के प्रति आग्रह करें :** अच्छी भावनाएँ जगाकर किसी श्रोतासमूह को प्रेरित करना आसान नहीं होता। इसके लिए हमें खुद गहराई से प्रेरित होना चाहिए; और अक्सर हम उतनी गहराई से प्रेरित नहीं होते हैं। दूसरों को अपने दृष्टिकोण का कायल बनाने के लिए उन्हें दिखाएँ कि हम जो प्रस्ताव रख रहे हैं, उससे वे संसार को बेहतर बना सकते हैं। उन्हें एक उदाहरण दें। जब सूजन अर्ल अपनी प्रिय परोपकारी संस्था "हीफर इंटरनेशनल" के लिए चंदा माँग रही थी, तो उसने बताया कि एक छोटे-से दान की बदौलत भारत का एक परिवार एक बकरी खरीद लेगा, जिससे उनके बच्चों को दूध मिलेगा और बचा हुआ दूध बेचने से परिवार को थोड़ी आमदनी भी होगी। जब एक बार इस अच्छी भावना की चिंगारी जल जाती है और लपट वक्ता तथा श्रोताओं दोनों को अपनी गिरफ्त में ले लेती है, तो इस अनुभव की गर्मजोशी भरी चमक लंबे समय तक याद रखी जाएगी।

11. **आलोचना से द्वेष न करें :** इसका स्वागत करें : विकासवाद के सिद्धांत की वजह से चार्ल्स डार्विन की जितनी बुरी आलोचना और भर्त्सना हुई उतनी किसी दूसरे वैज्ञानिक की नहीं हुई। लेकिन उन्होने अपने किसी आलोचक के खिलाफ कभी कोई कठोर शब्द नहीं कहा। इसके बजाय उन्होंने उन्हें धन्यवाद देते हुए कहा कि उनके जीवन का मूल उद्देश्य ज्ञान को उजागर करना और सत्य को खोजना है तथा सत्य की खोज में दो दिमाग एक से बेहतर हैं। उन्होंने कहा, "यदि मैं गलत हूँ तो मेरे सिर पर जितनी जल्दी प्रहार किया जाए और मुझे मिटा दिया जाए, उतना ही बेहतर है।"

12. **ईमानदार बनें :** संसार की सारी वाकपटुता भी ईमानदारी और सत्यनिष्ठा की कमी की भरपाई नहीं कर सकती। श्रोता हमें पसंद करें, इसके लिए हमें उन्हें अपने उद्देश्य की ईमानदारी का विश्वास दिलाना होगा। हो सकता है कि वे हमारे विचारों से सहमत न हों,

लेकिन हम प्रभावी तभी बन सकते हैं, जब वे उन विचारों में हमारे विश्वास का सम्मान करें।

आलोचना का स्वागत करें और इस पर सम्मान व विनम्रता से प्रतिक्रिया करें। हम जो होते हैं, उसका हमारी बातों से ज्यादा प्रभाव पड़ता है। ईमानदारी, सत्यनिष्ठा, विनम्रता और निःस्वार्थता श्रोतासमूह पर गहरा असर छोड़ती है।

हमें ईमानदारी और निःस्वार्थता प्रदर्शित करने वाले अनाड़ी वक्ता को ज्यादा पसंद करना चाहिए और उस कुशल वक्ता को कम पसंद करना चाहिए, जो हमें सिर्फ अपनी वाकपटुता से प्रभावित करने की कोशिश कर रहा हो।

किसी वक्ता का परिचय देना और उसे धन्यवाद देना

यदि हम किसी मीटिंग की अध्यक्षता करते हैं या वक्ता को आमंत्रित करने वाली समिति में होते हैं, तो संभवतः हमें वक्ता का परिचय देना होगा। पहले की बातों और बाद की बातों को अलग करने के लिए परिचय उपयोगी होता है। यह श्रोताओं के लिए मंच बना देता है कि वे उस व्यक्ति पर पूरा ध्यान दें, जिसका परिचय दिया जा रहा है और उस विषय पर भी ध्यान दें, जिस पर वह बोलने वाला है।

परिचय वक्ता और श्रोताओं के बीच की समानताएँ बताता है। परिचय श्रोताओं को वक्ता को स्वीकार करने के लिए तैयार करता है। यह वक्ता के व्याख्यान और श्रोताओं की रुचि के विषय के बीच सेतु बनाता है। इसे टी-आई-एस तकनीक कहा जाता है।

टी - सबसे पहले, प्रस्तुति का विषय या शीर्षक (टाइटल) बताएँ।

आई - पहचानें कि यह विषय श्रोताओं के लिए महत्त्वपूर्ण या रुचिकर (इन्टरेस्टिंग) क्यों है।

एस - वक्ता (स्पीकर) की योग्यताएँ बताएँ। ऐसी योग्यताएँ बताएँ, जिनसे उस विषय पर वक्ता की विश्वसनीयता और विशेषज्ञता स्थापित हो जाए। फिर वक्ता का नाम बताएँ।

परिचय की तैयारी करना

टीआईएस तकनीक किसी वक्ता का परिचय देने का सिर्फ एक प्रभावी

तरीका ही नहीं है, बल्कि इसका इस्तेमाल तब भी किया जा सकता है, जब हम किसी समूह को संबोधित करने वाले हों। अपना लिखित परिचय तैयार करें। सुनिश्चित करें कि यह पर्याप्त बड़े अक्षरों में छपे, ताकि व्याख्यान-मंच से आसानी से पढ़ा जा सके।

प्रस्तुति के बहुत पहले कार्यक्रम का संचालन करने वाले को अपना परिचय दे दें। उससे कहें कि वह इसे पूरा पढ़ ले। यदि उसके मन में कोई सवाल हो, तो उनका जवाब दें। जो व्यक्ति हमारा परिचय देने वाला है, उसे इस बारे में संक्षिप्त, सकारात्मक और रोमांचित बनने के लिए प्रोत्साहित करें।

खुद का परिचय देते समय घटनाओं का क्रम थोड़ा बदल जाता है। पहला बिंदु हमारा नाम और कंपनी या संगठन के साथ जुड़ाव होगा। इसके बाद व्याख्यान का शीर्षक बताते हुए यह भी बताएँ कि श्रोताओं के लिए यह क्यों महत्त्वपूर्ण है। अपनी योग्यताएँ बताते समय अपनी पृष्ठभूमि के उन पहलुओं को बताएँ, जो विषय और अवसर के लिए प्रासंगिक हों।

मीटिंग के अध्यक्ष के रूप में हमें वक्ताओं को व्याख्यान देने के लिए धन्यवाद देना होगा। धन्यवाद देते समय वक्ता के योगदान और उसके व्याख्यान के श्रोताओं के लिए महत्त्व को रेखांकित करें। इसकी प्रणाली सारगर्भित होनी चाहिए। हम मूलतः पूरे समूह की तरफ से धन्यवाद दे रहे हैं।

टी आई एफ तकनीक का इस्तेमाल करके वक्ता को धन्यवाद देने के दिशानिर्देश

टी - सबसे पहले, वक्ता का नाम लेकर उसे धन्यवाद (थैंक्स) दें।

आई - फिर प्रस्तुति के किसी खास रोचक (इन्टरेस्ट) क्षेत्र का जिक्र करें, जो श्रोताओं के लिए अर्थपूर्ण रहा है।

एफ - अंत में एक औपचारिक कथन (फॉर्मल स्टेटमेन्ट) कहें, जिसमें वक्ता को धन्यवाद दिया गया हो और एक बार फिर उसके पूरे नाम का इस्तेमाल करें।

6.

महान जीवन: तनाव और चिंता

दुनिया में तनाव शब्द बहुत ज्यादा परिचित है। कुछ जगहों पर तो इसे सम्मान के प्रतीक के रूप में धारण किया जाता है। बहुत से लोग कहते फिरते हैं, "मेरे पास इतना ज्यादा काम पड़ा है कि मैं बहुत तनावग्रस्त हूँ।" ऐसे लोग यह उम्मीद करते हैं कि दूसरे इस बात से प्रभावित होंगे कि उन्हें कितनी सारी जिम्मेदारी सौंपी जाती है। हम कई बार सोचते हैं कि तनाव के बारे में शिकायत करने से हम महत्त्वपूर्ण नजर आते हैं, जबकि हम दरअसल अपने महत्त्व की डींगें हाँकने वाले नजर आते हैं। तनाव दरअसल बहुत उत्पादक या उपयोगी नहीं होता है। खिलाड़ी प्रदर्शन से पहले मालिश क्यों कराते हैं? ताकि वे तनावग्रस्त रह सकें? नहीं। वास्तव में, शोध से पता चला है कि तनावग्रस्त के बजाय तनावरहित मांसपेशियाँ खेल के मैदान में ज्यादा शक्तिशाली होती हैं।

तनाव की जाँच : तनाव मापने के कई तरीके हैं। एक तरीका यह है। इन कथनों पर विचार करते समय हम खुद को एक से पाँच के पैमाने पर अंक देंगे :

मैं गहरी साँस लेने, योग करने या ध्यान लगाने जैसी तनावरहित होने की तकनीकों का अभ्यास करता हूँ।
मैं ज्यादातर रातों को आठ घंटे की नींद लेता हूँ।
मैं अपनी कमजोरियों पर नहीं, शक्तियों पर ध्यान केंद्रित करता हूँ।
मैं समय-समय पर खुद को धीमा होने की याद दिलाता हूँ।
जब मैं तनाव में होता हूँ, तो अवकाश या विश्राम लेता हूँ।
मैं बुरी खबर पर अति प्रतिक्रिया नहीं करता हूँ।
मैं तनाव में रहूँ या ना रहूँ, मैं लोगों के साथ एक जैसा व्यवहार करता

हूँ।

मैं तनाव दूर करने के लिए शारीरिक गतिविधियों में संलग्न हो जाता हूँ।

मेरे पास कुछ मित्र और सहकर्मी हैं, जिन पर मैं भरोसा कर सकता हूँ और जिनके साथ मैं ईमानदार हो सकता हूँ।

मैं दूसरों से और खुद से यथार्थवादी अपेक्षाएँ करता हूँ।

मैं जरूरत पड़ने पर मदद माँगता हूँ।

मैं तनावपूर्ण स्थितियों पर विचार केंद्रित नहीं रखता हूँ।

जब तनावपूर्ण, चिंताजनक स्थितियाँ आती हैं, तो मेरी मानसिकता आम तौर पर संतुलित रहती है।

दूसरे मेरे बारे में यह मानते हैं कि मैं तनाव को सही तरह से सँभालने में सक्षम हूँ।

तनावपूर्ण परिस्थितियों में भी मैं अपना हास्य बोध कायम रखता हूँ।

यह सूची, ना सिर्फ तनाव को पहचानने और तनावरहित व्यवहार का अभ्यास करने के बारे में है बल्कि कुछ ऐसी आदतों के बारे में भी है, जो अक्सर जल्दी ही और नाटकीय तरीके से हमें इक्कीसवीं सदी के इस विनाशकारी रोग से मुक्ति दिलाती हैं।

भिन्न दृष्टिकोण : तनावपूर्ण स्थिति तब होती है, जब हम अपने आप अपने विचारों पर ज्यादा से ज्यादा हावी हो जाती है। तनाव में हम ज्यादा चिड़चिड़े, कम सहयोगी और दूसरों से दूर हो जाते हैं। हम आसानी से तनावरहित हो सकते हैं या नहीं, यह तय करने के लिए इस सवाल का जवाब अहम होता है : दरअसल इस समस्या पर हमारा कितना नियंत्रण है? अक्सर हम समझदारी से इस नतीजे पर पहुँच सकते हैं कि इस पर हमारा कोई नियंत्रण नहीं है। इसके बाद हम इसे इसके हाल पर छोड़ सकते हैं।यह अनुभव की बात है कि हम किसी स्थिति के बारे में किसी दिन बहुत तनावग्रस्त और चिंतित रहते हैं, लेकिन एक-दो दिन बाद ज्यादा शांत और ज्यादा सकारात्मक महसूस करने लगते हैं। अगर हम यह मान लें कि स्थिति में कोई बदलाव नहीं हुआ है, तो फिर जो एकमात्र चीज बदली है, वह है हमारा दृष्टिकोण। यह नहीं भूलें कि तनाव संबंधी दृष्टिकोण को तय करने वाले घटक हमारे नियंत्रण के भीतर भी होते हैं और बाहर भी।

शांतिपूर्ण व्यवहार : तनाव पर मेयो क्लीनिक द्वारा किए गए एक अध्ययन में यह पाया गया कि लचीले लोग :-

- आत्म-गौरव का अपना अहसास बनाए रखते हैं।
- आत्म-परीक्षण करते हैं।
- परिवर्तन को समझते और स्वीकार करते हैं।
- हँसी-मजाक का इस्तेमाल करते हैं।
- आशावादी दृष्टिकोण बनाए रखते हैं।
- जूझने के लिए अपने अनुभव का इस्तेमाल करते हैं।
- लक्ष्य बनाते हैं और उन्हें हासिल करने के लिए काम करते हैं।

डेल कारनेगी का कहना है कि थकान के साथ अक्सर चिंता आ धमकती है, जिसे रोकने के लिए हमें अपनी ऊर्जा और उत्साह के स्तर को ऊँचा रखना चाहिए। उनका सुझाव है कि थकने से पहले आराम करें, काम करते समय भी तनावरहित होना सीखें, अपने काम के बारे में उत्साही बनें और अनिद्रा की चिंता नहीं करें। चिंता और तनाव को रोकने वाली अच्छी कामकाजी आदतें ये हैं :-

- समस्या सामने आते ही सुलझा लें, अगर हमारे पास निर्णय लेने के लिए आवश्यक तथ्य हों।
- व्यवस्थित करें, काम सौंपें और पर्यवेक्षण करना सीखें।
- तात्कालिक समस्याओं से संबंधित कागजों को छोड़कर अपनी डेस्क से सारे कागज हटा दें।
- चीजों को उनके महत्त्व के क्रम में करें।

तनाव पर सवाल करना तनाव को सही परिप्रेक्ष्य में रखने के लिए एक मूल्यांकन करें। यह तय करें कि वर्तमान जीवन में कितनी तनावपूर्ण परिस्थितियाँ हमारे नियंत्रण के सचमुच बाहर हैं और इसलिए उनकी चिंता करने में कोई तुक नहीं है। एशिया के जिस गृहयुद्ध को संयुक्त राष्ट्र भी नियंत्रित नहीं कर सकता, क्या उसे खत्म करने की कोशिश करना इस लायक है कि आप अपनी शांति नष्ट कर लें? या फिर अपने दम पर राष्ट्रीय ऋण में कमी करने की कोशिश? या फिर नाटक करने पर आमादा किशोर को बदलने की कोशिश?

हम अक्सर कुछ चीजें नियंत्रित नहीं कर सकते, उनके बारे में लगातार नहीं सोचना चाहिए, क्योंकि इससे हम खुद को निराशा के दृष्टिकोण में कैद कर लेते हैं। इससे कहीं ज्यादा उपयोगी उन स्थितियों पर ध्यान केंद्रित करना है, जिन पर हमारा थोड़ा-बहुत नियंत्रण या प्रभाव है। अगर हम परिवार के किसी सदस्य के व्यक्तित्व या जीवनशैली को नहीं बदल सकते, तो हम कम से कम अपनी प्रतिक्रियाओं को तो बदल सकते हैं।

कामकाजी तनाव : हर दिन हमारी ओर इतने सारे कामकाजी तनाव आते हैं कि उनसे जूझना हममें से ज्यादातर लोगों को चुनौतीपूर्ण लगता है। हम ढेर सारे कामों, जिम्मेदारियों और दूसरों की अपेक्षाओं के बोझ को भरसक उठाने की कोशिश करते हैं। हम व्यवस्थापन, अनुशासन और लचीलेपन का सहारा लेकर ऐसा कर पाते हैं। हम अच्छी कामकाजी आदतें और सतत प्रदर्शन कायम रखने की कोशिश करते हैं, लेकिन इसके बावजूद हम कामकाज संबंधी तनाव का दबाव महसूस करते हैं, जिसमें ये चीजें शामिल होती हैं :-

- डेडलाइन
- संकट
- परिवार, बच्चों, ग्राहकों, वेंडरों या कर्मचारियों की माँगें
- पुनर्गठन/स्थान परिवर्तन
- प्रमोशन, दूसरी जगह जाकर रहना या तबादला

नई आदतों से तनाव कम करें : ऑफिस में ही काम नहीं किया जाता है। हम अपने घर पर, बगीचे में, गैराज में, शिशु पालन में, किचन में दिन भर काम करते हैं। इन सभी क्षेत्रों में हम अक्सर पुरानी, दकियानूसी आदतों का इस्तेमाल करते हैं।

हम इन आदतों को बदल सकते हैं। इससे हमारा बहुत सारा तनाव कम हो जाएगा और बेहतरीन जीवन की संभावनाएँ बढ़ जाएँगी। समय के साथ कोई भी अनुपयोगी आदतों में फिसल सकता है। हम अकार्यकुशल या अव्यवस्थित दिनचर्याओं में भटक जाते हैं या कामकाजी नजरियों में क्षय का अनुभव करते हैं। अक्सर हम अनुपयोगी कामकाजी आदतें डाल लेते हैं,

लेकिन हमें इस बात का अहसास ही नहीं होता। समय के साथ ये कामकाजी आदतें आरामदेह लगने लगती हैं और इन्हें छोड़ना मुश्किल साबित होता है।

हमें अपनी अकार्यकुशलताओं को पहचानकर नई कामकाजी आदतों को अपनाकर उत्पादक और कम तनावपूर्ण बना सकते हैं। जब हम अपने समय, अपनी व्यवस्थापन योग्यताओं और अपने नजरियों के प्रबंधन पर ज्यादा नियंत्रण हासिल करेंगे, तो हमें उपलब्धि का ज्यादा बड़ा अहसास होगा।

अकार्यकुशल आदतें : निरन्तर तनावपूर्ण स्थितियों को सँभालना हर किसी के लिए चुनौतीपूर्ण होता है, लेकिन हम अक्सर अपनी खुद की खराब आदतों की वजह से ऑफिस के तनाव को बढ़ा लेते हैं। कई बार ये आदतें बिना इरादे के समय के साथ पड़ जाती हैं। हो सकता है कि हमें यह पता ही नहीं हो कि हमारे कामकाज की आदतें हमारे प्रदर्शन और हमारे नजरिये को कैसे प्रभावित करती हैं। ऑफिस के हमारे तनाव को बढ़ाने वाली कुछ बुरी आदतों में ये शामिल हैं :

- काम पूरा करने की कमी
- हमेशा लेटलतीफी
- बेतरतीबी
- टालमटोल
- परिवर्तन का प्रतिरोध करना
- द्वेष पालना

अपनी कामकाजी आदतों को बदलने और तनाव को कम करने के संदर्भ में हमारे पास अवसर के तीन क्षेत्र होते हैं। अवसर का पहला क्षेत्र है हमारे समय का इस्तेमाल। दूसरा है, अपने कामकाज को व्यवस्थित करने की हमारी योग्यता। तीसरा अवसर है अपने नजरिये पर नियंत्रण। हर क्षेत्र में अपनी वर्तमान कामकाजी आदतों की जाँच करें, क्योंकि इससे हमें हर क्षेत्र में अपनी योग्यता बेहतर बनाने की बुनियाद मिलती है और हम पुरानी आदतों की जगह पर नई, ज्यादा उपयोगी आदतें डाल सकते हैं।

तनावः समय प्रबंधन : ऑफिस के तनाव को कम करने वाली एक अत्यंत महत्त्वपूर्ण आदत यह है कि हम समय का कितना उपयोगी या अनुपयोगी इस्तेमाल करते हैं। इन सकारात्मक कामकाजी आदतों से अपनी

आदतों की तुलना करके देखें।

जल्दी पहुँचना : जल्दी पहुँचने से कभी कोई नुकसान नहीं होता। इससे हमें विचार करने और तैयार होने के लिए अतिरिक्त समय मिल जाता है। फलस्वरूप हम हर स्थिति में बेहतर काम करेंगे और हमें बेहतर परिणाम मिलेंगे। यह कामकाजी आदत हर दृष्टि से तनाव कम करती है।

डेली प्लानर रखना : चाहे यह सॉफ्टवेयर हो या सादा कागज, हमें एक डेली प्लानर की जरूरत होती है, ताकि हम दिन के सारे काम सही से कर लें। योजना बनाने में आप जो समय लगाते हैं, उससे काम में लगने वाला समय कम होता है। अच्छी दैनिक योजना तनाव कम करने का मुख्य साधन है।

मौजूद रहना : बहुत बार हम लोगों से मिलते हैं या उनसे बातचीत करते हैं, लेकिन हमारा मन किसी दूसरी ही चीज में अटका होता है। हम शरीर से तो वहाँ मौजूद रहते हैं, लेकिन मानसिक रूप से एक बिलकुल ही अलग जगह पर रहते हैं। यकीन माने या नहीं मानें, इस बेध्यानी या मौजूदगी के अभाव से हमारा तनाव बढ़ सकता है।

टालमटोल से बचना : हर व्यक्ति अलग-अलग तरीके से प्रेरित होता है। कामकाजी समस्याओं को टालने के बजाय उनसे जूझने के लिए हमें यह खोजना चाहिए कि हमें कौन सी चीज प्रेरित करती है और ऊर्जा देती है। कामकाज की मात्रा और प्रोजेक्ट की पूर्णता की नियमित दिनचर्या के प्रति निष्ठावान रहें।

प्राथमिकता तय करना : शाम को या शुक्रवार को हमें यह महसूस नहीं होना चाहिए कि हम ज्यादातर महत्त्वपूर्ण काम पूरे नहीं कर पाए। यह महसूस नहीं करें कि हमारे काम का बोझ लगातार बढ़ता जा रहा है। इसके बजाय प्राथमिकताएँ तय करने और उन पर केंद्रित रहने से तनाव कम होता है।

अपने निजी समय की रक्षा : ऑफिस का काम घर लाना या ऑफिस में देर तक रुकने जैसी चिंता बढ़ाने वाली कुछ कामकाजी आदतों से बहुत ज्यादा थकान महसूस होती है, हालाँकि हमें इस बात का अहसास नहीं होता। ऑफिस के मामले कई बार हमारे निजी समय में हस्तक्षेप कर देते हैं, जिससे बचना संभव नहीं है, लेकिन इसकी आदत नहीं डालें। वरना हम यह महसूस करने लगेंगे कि ऑफिस के बाहर हमारा कोई जीवन ही नहीं है।

व्यवस्था बनाना : कामकाजी तनाव कम करने का दूसरा अति

महत्त्वपूर्ण क्षेत्र है व्यवस्थित रहने की हमारी योग्यता। अपने काम को व्यवस्थित करने में हम इनमें से किन उपयोगी कामकाजी आदतों का इस्तेमाल करते हैं?

नीति को सरल रखें : जो करने की जरूरत है, उसके प्रति अपनी नीति को सरल बनाने के लिए हम क्या शुरू कर सकते हैं, क्या करना छोड़ सकते हैं या क्या अलग तरीके से कर सकते हैं? हममें से कई अपनी जिम्मेदारियों को जरूरत से ज्यादा जटिल बना लेते हैं, इसलिए अपनी नीति को ज्यादा सरल बनाने से हमें फायदा होगा।

अनावश्यक गतिविधियां छोड़ें : अपने दिन और सप्ताह की हर गतिविधि की सूची बनाएँ - कार चलाने से लेकर बैठकों में बैठने तक। कौन सी गतिविधियाँ जरूरी नहीं हैं और छोड़ी जा सकती हैं? एक सप्ताह या एक महीने तक उन गतिविधियों को छोड़कर देखें और इस दौरान उत्पादकता के परिणामों में परिवर्तन की निगरानी करें।

चीजों को लिखना : क्या हमारे पास एक नोटबुक या प्लानर है, जिसमें हम मन के विचार तुरंत लिख लेते हैं, वादे करते ही उन्हें लिख लेते हैं या अन्य महत्त्वपूर्ण बातें लिखते हैं? अगर हमें यह तसल्ली रहे कि हमने महत्त्वपूर्ण जानकारी लिख ली है और हम बाद में जरूरत पड़ने पर उसका संदर्भ देख सकते हैं, तो हम कम तनावग्रस्त महसूस करेंगे।

एजेंडा बनाना : कामकाज में बेतरतीबी का एक आम क्षेत्र बैठकों का संचालन है, चाहे यह बैठक किसी एक व्यक्ति के साथ हो या ज्यादा बड़े समूह के साथ हो। खास तौर पर समय से पहले भेजे जाने वाले एजेंडा से बैठक ज्यादा व्यवस्थित और उपयोगी बनती है। इससे प्रतिभागी ज्यादा आरामदेह और आत्मविश्वासी महसूस करते हैं।

अत्यधिक मल्टी-टास्किंग बेतरतीबी का एक बड़ा स्रोत है। यदि हम कोई काम पूरा होने तक किसी खास काम पर केंद्रित बने रहें, तो हम इसे कम समय में पूरा कर लेंगे और हम कहीं ज्यादा व्यवस्थित रहेंगे। मल्टी-टास्किंग पर हम बाद में विस्तार से बात करेंगे।

तनाव कम करने का नजरिया : नजरिये का नियंत्रण नई तन. ावरहित आदतें डालने का हमारा तीसरा अवसर है। जब हम हाथ के कामों के प्रति अपने नजरिये पर काबू कर लेते हैं, तो हमारी उत्पादकता का हर

पहलू बेहतर हो जाता है। इनमें से कितनी आदतें हमारी कामकाजी आदतों में शामिल हैं?

दूसरों से जुड़ना : हम आसानी से इतने आत्मकेंद्रित बन सकते हैं कि दूसरों को गैर समझने लगें। इससे अकेलेपन और तनाव की भावना बढ़ सकती है। तनाव कम करने के लिए बेहतर नीति यह होती है कि हम खुद से बाहर निकलें, दूसरों का अभिवादन करें, उनके नाम पता करें और बातचीत में उनके नाम का इस्तेमाल करें। शायद इस प्रक्रिया में आप दोस्त भी बना लेंगे।

चीजों को जाने देना : दिन में कभी-कभार ऐसा भी समय आता है, जब हमें यह अहसास होता है कि तनावरहित होकर यह स्वीकार करना बेहतर है कि हर चीज हर बार आदर्श तरीके से नहीं होगी। जब हम किसी स्थिति में बहुत ज्यादा तनाव महसूस कर रहे हों, तो हम खुद से पूछ सकते हैं, "क्या यह ऐसा समय है, जहाँ मुझे इसे इसके हाल पर छोड़ देना चाहिए?"

बागडोर थामना : जब हम किसी चीज को पूरा करने के लिए स्थिति की कमान संभालते हैं, तो हमारा नजरिया बेहतर होता है। हम कम-से-कम स्वयं के कामकाजी बोझ, संबंधों और नजरिये की बागडोर तो थाम ही सकते हैं। जब भी हम बागडोर थामने के बारे में झिझकते हैं या टालमटोल करते हैं, तो हम दरअसल अपनी ऊर्जा कम कर रहे हैं और अपने काम को जरूरत से ज्यादा तनावपूर्ण बना रहे हैं।

शांत रहना : दस तक गिनती गिनना, गहरी साँसें लेना, टहलने जाना या ध्यान लगाना - तनाव दूर करने का तरीका इनमें से कोई भी हो, हमें सलाह दी जाती है कि हम शांत रहने पर ध्यान केंद्रित करें, अति प्रतिक्रिया से बचें, चिल्लाचोट नहीं करें या आवेग में काम नहीं करें, क्योंकि इन चीजों से हमारे तनाव का स्तर बढ़ता है। दूसरों के अनूठेपन को महत्त्व देना हालाँकि कई बार हमें लगता है कि हर व्यक्ति को हमारे जैसा होना चाहिए, लेकिन यह सही नहीं है। इससे जीवन बहुत नीरस हो जाएगा।

7.

नवाचार और सृजनात्मकता को प्रोत्साहित करना

ज्यादा, बेहतर, ज्यादा तेज, कम दामों में वह मंत्र है, जो हमें आजकल अक्सर सुनाई देता है। हम परिवर्तनों के साथ कैसे चलें और परिवर्तन से निबटने के लिए सक्रिय गति कैसे पकड़े?

चुनौतीपूर्ण सिर्फ परिवर्तन ही नहीं है; यह तो परिवर्तन की गति है। यह हर बार ज्यादा तेजी से होता है। यह हमारे संगठन के भविष्य के लिए अनिवार्य है।

नए प्रॉडक्ट्स या तंत्रों में नवाचार की योग्यता कैसे आती है? मौजूदा प्रॉडक्ट्स सेवाओं या तंत्रों को विकसित करने की योग्यता कैसे आती है? इन प्रश्नों पर कई दशकों तक कई अलग-अलग तरीकों से अध्ययन किया गया है। कुछ शोधकर्ताओं ने यह उजागर करने और समझने की कोशिश की है कि कौन सी चीज इंसान को सृजनात्मक बनाती है। बाकियों ने उस तरह के परिवेश को खोजा है, जो सृजनात्मक प्रयास को प्रेरित करते हैं और इसे फलने-फूलने में समर्थ बनाते हैं। बाकी ने सृजनात्मक प्रॉडक्ट्स और सेवाओं के विकास पर ध्यान केंद्रित किया है।

सदियों तक लोग सृजनात्मक प्रक्रिया से मंत्रमुग्ध रहे हैं - क्रमबद्ध कदमों की श्रृंखला, जिनके जरिये कोई व्यक्ति या समूह सुनियोजित, निष्पक्ष और अपारंपरिक दिखने वाले तरीके से किसी समस्या या अवसर का विश्लेषण करने के लिए सृजनात्मक सोच के सिद्धांतों का उपयोग करता है। हाल के समय में सामाजिक और व्यवहारवादी विज्ञानों में हुआ आधुनिक शोध इस अवधारणा के रहस्य को उजागर करता है और दिखाता है कि विवेक बुद्धि, विश्लेषण और प्रयोगशीलता की छोटी शक्तियाँ भी हमें नवाचार

की प्रकृति और इसके कई चेहरों व अभिव्यक्तियों में जानकारी हासिल करने में कैसे मदद करती हैं।

इस बड़ी हुई जागरूकता और समझ ने पूरे संसार के गुणवत्ता-चेतन प्रबंधकों की कल्पना को जाग्रत कर दिया है। वे अपने कर्मचारियों की सृजनात्मक शक्तियों और समस्या सुलझाने की योग्यताओं को विकसित करने के भारी लाभों को पहचान गए हैं। वास्तव में, सर्वेक्षण दिखाते हैं कि सृजनात्मक तरीके से सोचने की योग्यता-नए, नवाचारी तरीकों से समस्याओं और अवसरों का विश्लेषण करने की योग्यता उन सबसे मूल्यवान योग्यताओं में से एक है, जिन्हें हम खुद में और अपने संगठन में विकसित कर सकते हैं।

क्यों? क्योंकि सृजनात्मक विचारों के फलस्वरूप नई खोजें होती हैं, काम करने, लागत घटाने और प्रदर्शन बढ़ाने के बेहतर तरीके खोजे जाते हैं - ये मुद्दे उन व्यवसायियों के लिए अत्यंत महत्त्वपूर्ण हैं, जो आधुनिक प्रतिस्पर्धी परिवेशों में काम कर रहे हैं।

सोचने की प्रक्रिया

मानव मस्तिष्क की सोचने की प्रक्रिया का वर्णन करते हुए कहा जा सकता है कि इसमें दो तत्व होते हैं एक हिस्सा होता है स्वच्छंद सृजनात्मक सोच के लिए और दूसरा होता है विश्लेषणात्मक या विवेकपूर्ण सोच के लिए। "हरी बत्ती वाली सोच" शब्दावली उस विचार प्रक्रिया को बताती है, जो विचार उत्पन्न करने के सबसे अनुकूल होती है। इस प्रकरण में विचारों की गुणवत्ता के बजाय संख्या पर जोर दिया जाता है।

मस्तिष्क का विवेकपूर्ण हिस्सा सृजनात्मक, स्वच्छंद हिस्से से उत्पन्न होने वाले विचारों का विश्लेषण और मूल्यांकन करता है। यहाँ ध्यान का केंद्र विचारों की गुणवत्ता पर होता है। इस प्रक्रिया के वर्णन के लिए अक्सर "लाल बत्ती वाली सोच" शब्दावली का इस्तेमाल किया जाता है। "हरी बत्ती" और "लाल बत्ती" वाली सोच दो अलग-अलग प्रक्रियाएँ हैं। दोनों ही अच्छी व उपयोगी हैं। वे बस एक ही समय में नहीं हो सकती। किसी के विचार पेश करते समय हम अक्सर लाल बत्ती चालू कर देते हैं, क्योंकि हम विवेकपूर्ण सोच रहे हैं, तभी हमें इसके परिणामों की स्पष्ट अवधारणा मिलेगी।

यह दूसरों के नवाचारी विचारों को प्रोत्साहित करने के बारे में ही सच नहीं है, बल्कि हम इसे आत्मसात कर लेते हैं और हम अपने खुद के दिमाग को खोलना पसंद नहीं करते। फूँक हमारी ज्यादातर शैक्षणिक प्रक्रियाएँ और प्रणालियाँ विवेकपूर्ण सोच के कामों (जैसे निर्णय लेने, स्थितियों की तुलना एवं आकलन करने, सही और गलत के बीच भेद करने की योग्यता आदि) को विकसित करने के प्रति समर्पित रही हैं, इसलिए ज्यादातर लोगों को अपनी सृजनात्मक योग्यता की सीमाओं का अहसास नहीं होता। वास्तव में इस क्षेत्र में हम हमेशा से सक्षम रहे हैं और हम इस योग्यता को बड़ी ही आसानी से और भी ज्यादा सीमा तक विकसित कर सकते हैं। हमें अपनी सृजनात्मक क्षमताओं में कभी विश्वास नहीं खोना चाहिए।

हर इन्सान सृजनात्मक होता है

हर इंसान सृजनात्मक होता है। पोषण देने पर जो सृजनात्मक रसायन बड़ी आसानी से प्रवाहित होते हैं, दुर्भाग्य से वे ज्यादातर लोगों में बचपन के बाद बंद हो जाते हैं, क्योंकि उनके जीवन में अति विश्लेषण और अनुरूपता का जाल बिछा दिया जाता है, जो उनके जीवन में सत्ता के पद पर बैठे लोग थोप देते हैं। सृजनात्मकता प्राय: लाल बत्ती वाली सोच से अवरुद्ध हो जाती हे। "इसे रोक दो", "यह कंपनी की नीति के खिलाफ है", "हमने इसे इस तरह से कभी नहीं किया।"

हम नए विचारों को न आजमाने के कारण तलाशते हैं, जबकि हमें दिमाग खोलकर नए विचारों की तलाश करनी चाहिए। हरी बत्ती जला दें। इसकी आगे पड़ताल करें। स्पष्ट से परे, इसके बारे में अपनी सोच का विस्तार करें।

गैरी ने अपने मन में आए एक विचार के बारे में सोचा, जिससे प्रणालियों में आसान परिवर्तन करके उत्पादकता को बढ़ाया जा सकता था। क्या उसे बॉस को बता देना चाहिए? आखिरी बार जब उसने एक सुझाव दिया था, तो उसके सुपरवाइजर ने उसे झिड़क दिया था। उन्होंने कहा था कि यह कारगर नहीं होगा। उन्होंने उसे पूरी तरह से समझाने का मौका ही नहीं दिया था। अब जहमत क्यों उठाना? हमें यह विश्वास हो सकता है कि हमारे विचार ठुकराए जा सकते हैं। लेकिन यह तो कोई कारण नहीं है कि हम सृजनात्मक

बनने से खुद को रोक दें। हताशा के सामने हार मानना आसान है, लेकिन जब तक हम विचार नहीं सोचेंगे, हम अपनी सृजनात्मक क्षमताओं का गला दबा देंगे। नवाचार सतत इस्तेमाल से तराशा जाता है।

दूसरे लोग उनके विचारों को किस तरह लेंगे, इस बाबत लोगों में अपनी आलोचना करने की प्रवृत्ति होती है। स्वयं की आलोचना दूसरों की आलोचना से कहीं ज्यादा बुरी होती है, क्योंकि इससे इंसान अयोग्य महसूस करने लगता है। हम गलतियाँ करेंगे; हम ऐसे सुझाव देंगे जो कारगर नहीं होंगे. हो सकता है हमारा बॉस या हमारे साथी हमारी खिल्ली उड़ाएँ लेकिन इससे हमें नहीं रुकना चाहिए। आइंस्टाइन, एडिसन, व्हिटनी और वाट सभी की कई बार खिल्ली उड़ाई गई थी। सृजनात्मक विचारों के झरने को बहते रहने दें।

सृजनात्मकता को अवरुद्ध करना : जरूरी नहीं है कि हर विचार कारगर हो या पीछा करने लायक हो। बहरहाल, कम से कम हमें इसके बारे में सोचकर या दूसरों से बात करके इसकी व्यावहारिकता की पड़ताल करनी चाहिए। यदि इसे खारिज कर देना चाहिए, तो कारणों का पता लगाएँ। निराश न हों। हो सकता है कि विचार अच्छा हो, लेकिन विशिष्ट अमल में उपयुक्त न हो या उस वक्त उचित न हो।

इसका यह मतलब नहीं है कि विचार अच्छा नहीं है। इसे कभी व्यक्तिगत तिरस्कार नहीं मानना चाहिए। अस्वीकृत हम नहीं हुए हैं, हमारा विचार हुआ है।

सृजनात्मकता को विकसित करना : ज्यादातर लोगों को सचमुच यकीन नहीं होता कि वे सृजनात्मक हैं। जीवन भर उन्हें सिखाया गया है कि सृजनात्मकता एक खास तरह का गुण है, जो केवल चित्रकारों, आविष्कारकों और जीनियसों के पास होता है। यह सच नहीं है। मनोवैज्ञानिकों ने साबित कर दिया है कि सृजनात्मक सोच को विकसित किया जा सकता है।

यहाँ कुछ चीजें दी जा रही हैं, जिनसे हम खुद को ज्यादा सृजनात्मक बना सकते हैं :

अवलोकन : सृजनात्मक बनने के लिए इंसान को सपने में नए विचारों को देखने की जरूरत नहीं है। हमारे आस-पास की चीजों को देखना और

वर्तमान स्थितियों पर अपनी सीखी बातों को लागू करना भी उतना ही सृजनात्मक है, जितना कि पूर्ण नवाचार।

लास वेगस में हूपर स्टील के प्रबंधक स्टैन ने देखा कि ज्यादा से ज्यादा गैस स्टेशन "स्व-सेवा" वाले बन रहे थे और कारों में ऑइल बदलने या लुब्रिकेशन की सुविधा नहीं रह गई थी, इसलिए इस आवश्यकता को पूरा करने के लिए त्वरित लुब्रिकेशन स्टेशन उभर आए थे। स्टैन ने ऐसे ही एक ल्यूब स्टेशन पर अपनी कार का लुब्रिकेशन कराया। काम की गति और गुणवत्ता से वे खुश हुए।

बरसों से हूपर स्टील अपने ट्रक नियमित लुब्रिकेशन के लिए डीलर के सर्विस विभाग में भेजती आ रही थी। यह आसान नहीं होता था। इसके लिए दो कर्मचारी डीलर के यहाँ ट्रक छोड़ने जाते थे (जिनमें से एक अपनी कार में दुकान से दूसरे व्यक्ति को बैठाकर लाता था), डीलर के यहाँ पूरे दिन ट्रक रखा रहता था और बाद में ट्रक उठाने में एक बार फिर दो कर्मचारियों का समय खराब होता था।

स्टैन ने सोचा, "हम अपने ट्रकों के लिए त्वरित ल्यूब स्टेशन का इस्तेमाल क्यों न करें?" परिणाम : एक ड्राइवर त्वरित ल्यूब स्टेशन जाता था और ट्रक की सर्विसिंग के लिए लगभग 30 मिनट तक इंतजार करता था। इस तरह स्टैन ने सेवा की लागत और लगने वाले समय के संदर्भ में हर महीने अपनी कंपनी के लगभग 1,600 डॉलर बचा लिए। इसके अलावा, अब वे ज्यादातर दिन ट्रक का इस्तेमाल भी कर सकते थे।

फेरबदल

क्या हम किसी मौजूदा प्रॉडक्ट या अवधारणा में फेरबदल करके किसी भिन्न चीज का सृजन कर सकते हैं? "बड़ा सोचो" के संस्थापकों ने मानक प्रॉडक्ट्स में बदलाव करके ज्यादा बड़े संस्करण बनाए। उन्होंने पेंसिल से लेकर टेलीफोन मैसेज पैड और जानवरों से लेकर फर्नीचर तक लोकप्रिय प्रॉडक्ट्स की विशाल कॉपियाँ बनाई। इससे विज्ञापन, सजावट और नवीन वस्तुओं के क्षेत्र में एक बिलकुल नया बाजार बन गया।

हमारे कंप्यूटर और इलेक्ट्रॉनिक उद्योग का विकास भी फेरबदल पर आधारित है, जिसमें हम इलेक्ट्रॉनिक तंत्रों और पुर्जो को छोटा करते-करते

माइक्रोचिप तक पहुँचे हैं।

विस्थापन

सामूहिक डाक भेजने वाली एक कंपनी की ऑफिस प्रबंधक डरलीन मुश्किल में थी। काम बहुत बोझिल और नीरस था, इसलिए कर्मचारी बहुत जल्दी नौकरी छोड़कर चले जाते थे। यह काम था ब्रोशर्स और सैंपल्स को लिफाफों में रखना। काम की प्रकृति ऐसी थी कि इसे सामान्य स्वचालित मशीन से नहीं किया जा सकता था। न सिर्फ कर्मचारियों के छोड़कर जाने से कंपनी को नुकसान होता था, बल्कि उसे पक्का विश्वास नहीं रहता था कि काम करने के लिए कोई वहाँ पर होगा।

उसने सोचा कि अगर तथाकथित "सामान्य" लोग इस काम को इतना बोझिल मानते हैं, तो शायद मानसिक चुनौती प्राप्त लोग इसे ऐसा न मानें। डरलीन ने इन "धीमे सीखने वालों" को नियुक्त कर दिया, जो काम से ऊबते नहीं थे और वे आगे चलकर स्थायी तथा मूल्यवान कर्मचारी बन गए।

हटाना

जिल क्रोधित था। उसकी कंपनी ने सेल्समैनों के भरने के लिए एक और फॉर्म जारी कर दिया था। उसे कोफ्त हुई कि वह इतना सारा कागजी काम करेगा, तो बाहर जाकर सामान कब बेचेगा? जब उसने अपनी सेल्स प्रबंधक से शिकायत की, तो वे कंधे उचकाकर बोली कि जानकारी "ऊपर वालों को" चाहिए थी। जिल ने उन सभी फॉर्मों का अध्ययन किया, जिन्हें उसे भरना होता था। उसने विश्लेषण किया कि उनमें कौन-कौन सी जानकारियाँ माँगी गई थीं। जल्दी ही यह स्पष्ट हो गया कि एक ही जानकारी को अलग-अलग फॉर्मों में माँगा जा रहा था। इस दोहराव की संख्या बहुत अधिक थी। इस बारे में शिकायत करने के बजाय जिल ने एक नया फॉर्म तैयार किया, जिससे प्रबंधन को आवश्यक तथ्य भी मिल जाते थे और उसे भरना भी आसान था। इससे न सिर्फ सेल्समैनों का काम ज्यादा आसान हुआ, बल्कि कंपनी का काफी समय और पैसा भी बचा। एक अतिरिक्त लाभ : इससे कंपनी ने अपने सभी फॉर्मों की सुनियोजित समीक्षा की और उनमें संशोधन किए, जिससे कई दकियानूसी और अनावश्यक रिपोर्ट्स खत्म

हो गई।

ये सिर्फ चंद तरीके हैं, जिनसे सृजनात्मक रसायनों को उद्दीप्त किया जा सकता है। अपनी कल्पना के पंख फैलाकर, अपने क्षितिजों का विस्तार करके, समस्याओं के प्रति पारंपरिक नीतियों से नाता तोड़कर हम ज्यादा आविष्कारक बन सकते हैं, ज्यादा मुश्किल समस्याओं को सुलझा सकते हैं और रोमांचक नई अवधारणाओं को शुरू व लागू कर सकते हैं। जब हम अपने विचारों को सफलतापूर्वक लागू होते देखेंगे, तो इससे न सिर्फ कंपनी को लाभ होगा, बल्कि हमें भी उपलब्धि का भारी अहसास होगा।

समूह सृजनात्मकता

ज्यादातर लोग यह कल्पना करते हैं कि सृजनात्मक व्यक्ति एक अकेला व्यक्ति होता है, जो बिल गेट्स या स्टीव जॉब्स की तरह विचार या आविष्कार उत्पन्न करता है। लेकिन यह हमेशा सच नहीं होता। कई सृजनात्मक विचार लोगों के समूहों की देन होते हैं। समूह में विचारों के आदान-प्रदान और प्रेरणा से नया विचार उद्दीप्त होता है।

पुरानी कहावत है, "दो दिमाग एक से बेहतर होते हैं।" इसका विस्तार है, "कई दिमाग कुछ से बेहतर होते हैं।" ये कथन बार-बार सच साबित हुए हैं। समितियों और सम्मेलनों में सामूहिक प्रयासों ने बहुतेरी समस्याओं को सुलझाने में मदद की है।

एक नीति का प्रभावी ढंग से इस्तेमाल किया जाता है और यह है मस्तिष्क मंथन। मस्तिष्क मंथन किसी विषय पर यथासंभव अधिकतम विचार हासिल करने की एक तकनीक है। सामान्य कस्मि की बैठक और मस्तिष्क मंथन बैठक के बीच फर्क यह होता है कि इसमें उद्देश्य बस विचार उत्पन्न करना है - हरी बत्ती वाली सोच। मस्तिष्क मंथन से अधिकतम लाभ लेने के लिए लाल बत्ती वाली सोच प्रतिबंधित होती है। किसी प्रतिभागी के किसी सुझाव की बाकी लोग आलोचना नहीं कर सकते, विश्लेषण नहीं कर सकते, अस्वीकार या स्वीकार नहीं कर सकते, चाहे वह कितना ही मूर्खतापूर्ण या मूल्यहीन अथवा जोरदार नजर आए।

मस्तिष्क मंथन के पीछे के मनोवैज्ञानिक सिद्धांत को सक्रियकरण कहा जाता है। कोई भी विचार श्रोता के मन में दूसरे विचार को सक्रिय कर सकता

है। एक व्यक्ति का मूर्खतापूर्ण विचार किसी दूसरे के मन में अच्छा विचार ला सकता है। मस्तिष्क मंथन लोगों को स्वतंत्रता से सोचने और प्रतिक्रियाओं की परवाह न करने की अनुमति देता है। यह लोगों को स्वतंत्र करता है कि वे अपने दिमाग पर जोर डालें और उस विचार के लिए राह बनाएँ, जो मूल्यवान साबित हो सकता है।

आम मस्तिष्क मंथन सत्र में समूह एक विषय ले लेता है, जो मीटिंग के पहले ही घोषित कर दिया जाता है। एक बार जब अध्यक्ष इस विषय को सामने रख देती है, तो वह पीछे हट जाती है और समूह की सामान्य सदस्य बन जाती है। एक व्यक्ति को नियुक्त किया जाता है कि वह फ्लिपचार्ट पर विचारों की सूची बनाए। विचार बोले और दर्ज किए जाते हैं। समर्थन या विरोध में कोई टिप्पणी नहीं की जाती है। बेपरवाही को प्रोत्साहित किया जाता है। विचार जितना अजीब हो, उतना ही बेहतर है। सफलता का पैमाना उत्पन्न होने वाले विचारों की संख्या होती है। प्रतिभागियों को प्रस्तत किए गए विचारों पर अपने दिमागी घोड़े दौड़ाने के लिए प्रोत्साहित किया जाता है। सत्र के बाद एक समिति विचारों की समीक्षा, पड़ताल और विश्लेषण करती है। इसके बाद ही लाल बत्ती वाली सोच शुरू होती है। मस्तिष्क मंथन सभी तरह की समस्याओं के लिए उचित नहीं है, लेकिन कई स्थितियों में यह बहुत सहायक हो सकता है। यह दीर्घकालीन लक्ष्य या आम नीतियाँ तय करने के बजाय विशिष्ट समस्याएँ सुलझाने में सबसे अच्छी तरह काम करता है। सफल मस्तिष्क मंथन के कुछ उदाहरण हैं किसी नए प्रॉडक्ट का नाम तय करना, वितरण के नए मार्ग खोलना, नौकरियों को कम बोझिल बनाना और किसी प्रॉडक्ट या सेवा की मार्केटिंग के गैर–पारंपरिक तरीके खोजना।

सभी विचारों के प्रति खुले रहें : "हमारी कंपनी अलग है।" हमने यह बात कितनी बार सुनी है? कई कंपनियाँ महसूस करती हैं कि वे अनूठी हैं और जब तक कोई विचार, प्रक्रिया या योजना उनके द्वारा न बनाई जाए, तब तक उनकी जरूरतें पूरी नहीं हो पाएँगी। यह सही है कि हर कंपनी की अलग संस्कृति और निजता होती है, लेकिन हम दूसरी कंपनियों से बहुत कुछ सीख सकते हैं–उन कंपनियों से भी, जिनका व्यवसाय हमारे व्यवसाय से काफी अलग है।

लीक से बाहर निकलें : जब लोग लंबे समय तक एक साथ काम करते हैं, तो उनमें एक जैसा सोचने की प्रवृत्ति आ जाती है। एक के द्वारा पेश किए गए विचारों को बाकी सभी लोग आलोचनात्मक विश्लेषण के बिना स्वीकार कर सकते हैं, क्योंकि समूह के सभी सदस्यों का दृष्टिकोण समान होता है। जनरल मोटर्स के एक संस्थापक अल्फ्रेड स्लोन इस बात से वाकिफ थे। कंपनी एक बड़ा प्रोजेक्ट शुरू करने वाली थी। स्लोन सहित समूह के सभी सदस्यों की नजर में यह एक अच्छा विचार था। बहरहाल, स्लोन इस बारे में थोड़ी उलझन में थे। उन्होंने अपने समूह से कहा कि उन्हें इस पर ज्यादा विचार करना चाहिए और यह जाँच करनी चाहिए कि ऐसे ही प्रोजेक्ट में दूसरी कंपनियों के सामने क्या-क्या समस्याएँ आई थीं। उन्होंने प्रस्ताव को कई महीनों तक टेबल पर रखा। जब दोबारा बैठक हुई, तो पहले जिन समस्याओं को नजरअंदाज किया गया था, उन पर बातचीत की गई और कुछ महीने पहले जिसे बिना आलोचना के शुरू कर दिया जाता, उसे गंभीर पुनर्विचार और पुनर्शोधन के लिए दोबारा भेज दिया गया।

मानदंड : पूर्ण गुणवत्ता प्रबंधन अवधारणा का एक बुनियादी सिद्धांत यह है कि सफल कंपनियाँ दूसरी कंपनियों से ऐसे विचार लेने से नहीं डरती हैं, जिनसे उनके लक्ष्य पूरे करने में मदद मिल सकती है। वास्तव में, मैल्कम बाल्डरिज पुरस्कार (व्यवसाय में उच्च गुणवत्ता के लिए अमेरिकी सरकार का सर्वोच्च पुरस्कार) की एक शर्त यह होती है कि प्रतिभागी पुरस्कार हासिल करने में प्रयुक्त पद्धतियाँ और तकनीकें सभी दिलचस्पी रखने वाले पक्षों को बताएँ। इसे "मानदंडीकरण" कहा जाता है।

सीधे प्रतिस्पर्धी : एक सवाल यह रहता है कि कोई सफल कंपनी अपने प्रतिस्पर्धियों को अपनी सफलता के राज क्यों बताएगी। यह सच है कि कई कंपनियाँ वे राज नहीं बताना चाहेंगी, जो उन्हें उच्च गुणवत्ता की ओर ले गए। लेकिन उनमें से ज्यादातर राज ज्यादा बड़े "राज" नहीं होते हैं। यह तो एक प्रक्रिया होती है, जिससे सभी को लाभ होता है।

जोस गेन्सविले, फ्लोरिडा में एक छोटा एप्लाएंस रिपेयर बिजनेस चलाता है। उसे महसूस होता है कि वह उतना अच्छा प्रदर्शन नहीं कर पा रहा है,

जितना वह कर सकता है। जोस सलाह के लिए अपने सफल प्रतिस्पर्धी कार्लोस से पूछना चाहता है, लेकिन वह जानता है कि शायद उसकी हँसी उड़ाई जाएगी। कार्लोस किसी ऐसे व्यक्ति की मदद क्यों करेगा, जो उससे कारोबार छीन सकता है? लेकिन जोस मदद के लिए अपने सीधे प्रतिस्पर्धियों तक ही सीमित नहीं रहता है। एक कारोबारी प्रकाशन से उसे पता चलता है कि पेल सिटी, अलाबामा की एक छोटी कंपनी उन समस्याओं से सफलतापूर्वक उबर चुकी है, जिनका वह सामना कर रहा है। ये लोग प्रतिस्पर्धी नहीं हैं, इसलिए इस बात की बहुत ज्यादा संभावना है कि वे जोस को अपने कुछ विचार बता देंगे। टेलीफोन करने या उससे भी बेहतर, उस कंपनी की यात्रा से काम बन जाएगा।

दूसरे उद्योगों की ओर देखें : हमारा उद्योग अनूठा नहीं है। हो सकता है कि किसी दूसरे व्यवसाय में काम करने वाली दूसरी कंपनियों के सामने वैसी ही समस्याएँ आई हों और उन्होंने उन्हें सुलझाया हो। वे हमारी मदद करने के लिए बहुत इच्छुक हो सकती हैं।

उपनगरीय न्यूयॉर्क से हवाई अड्डे तक लोगों को लाने-ले जाने वाली एक शटल सर्विस में शिकायतों का अंबार लगा था। जो ग्राहक सेवा लेने के लिए फोन करते थे, उन्हें नौ-दस घंटियों तक इंतजार करना पड़ता था, जिसके बाद ही फोन उठाया जाता था और इसके बाद भी कुछ मिनटों तक होल्ड पर रखा जाता था। अंत में जब कोई क्लर्क उनसे बात करने के लिए लाइन पर आता था, तो उन्हें अपने पिक-अप के बारे में बहुत से सवालों का जवाब देना पड़ता था, भले ही वे उस सेवा का इस्तेमाल पहले भी कई बार कर चुके हों।

मालिक ने दूसरे शहरों के दूसरे ट्रांसपोर्टर्स से मदद माँगी, लेकिन सभी के सामने वही समस्या थी और कोई भी इसे नहीं सुलझा पाया था। चूंकि ज्यादातर जगहों पर यह यातायात का सबसे सस्ता साधन था, इसलिए उन्हें महसूस हुआ कि कम कीमत के कारण लोगों से इंतजार कराना जायज था।

इस कंपनी के एक कर्मचारी ने अपने बॉस को बताया : "मुझे भी यही समस्या आती थी, जब मैं एल.एल. बीन से सामान मँगाता था, जो मशहूर आउटडोर पोशाक और उपकरण मेल ऑर्डर कंपनी है। मुझे बहुत इंतजार

करना पड़ता था और हर बार मेरा पता, क्रेडिट कार्ड, साइज आदि पूछा जाता था। अब मैं जब फोन करता हूँ, तो यह सब उनके कंप्यूटर पर पहले से होता है। वे तुरंत फोन का जवाब देते हैं और जब मैं उन्हें अपना नाम और फोन नंबर बताता हूँ, तो वे बस यह जानना चाहते हैं कि मैं किस चीज का ऑर्डर देना चाहता हूँ। कुछ ही मिनटों में फोन पर मेरा काम हो जाता है।"

मालिक ने एल.एल. बीन के एक एक्जीक्यूटिव से बात करने का अपॉइंटमेंट लिया, जिसने खुशी-खुशी उन्हें उस कंप्यूटर प्रोग्राम की जानकारी दी, जिसका वे इस्तेमाल कर रहे थे। कुछ ही महीनों में उन्होंने भी अपने यहाँ ऐसा ही कंप्यूटर प्रोग्राम लगा लिया, जिससे ज्यादातर समस्याएँ खत्म हो गई।

कुछ वर्षों बाद उन्होंने एक ज्यादा अच्छी प्रणाली के बारे में पढ़ा और अपने प्रोग्राम को बेहतर बना लिया। अब कॉलर आई.डी. से फोन करने वाले को पहचान लिया जाता था और कंप्यूटर अपने आप उस ग्राहक की फाइल खोल देता था, जिससे सारी आवश्यक जानकारी तुरंत दिखने लगती थी।

मानदंड बनाने के लिए कर्मचारियों को प्रोत्साहित करना

दूसरी कंपनियों से सीखने का काम सिर्फ अधिकारियों तक ही सीमित नहीं है। कर्मचारियों को भी विशेषज्ञता के अपने क्षेत्र में दूसरे लोगों से सीखकर अपनी योग्यताएँ बढ़ाने के लिए प्रोत्साहित करना चाहिए।

बाजार शोध विश्लेषक मेलिसा को अमेरिकन मार्केटिंग असोसिएशन की स्थानीय मीटिंगों में जाने की आदत थी। एक मीटिंग में वह टेबल पर एंजेला के साथ बैठी, जो उस वक्त एक मार्केटिंग प्रोजेक्ट पर काम कर रही थी। इस प्रोजेक्ट में कुछ नई तकनीकों का इस्तेमाल किया जा रहा था, जिनसे मेलिसा परिचित नहीं थी।

एंजेला ने सिस्टम देखने के लिए मेलिसा को अपने ऑफिस में बुलाया। मेलिसा ने अपने बॉस से कहा कि वे उसे एंजेला के ऑफिस में कुछ समय जाने की अनुमति दें, ताकि वह यह जान सके कि वे क्या कर रहे थे। इसका परिणाम यह हआ कि मेलिसा ने अपने काम के प्रति एक नई नीति सीखी, जिससे वह अपनी कंपनी के लिए ज्यादा प्रभावी काम करने में सक्षम बनी।

अपने दम पर समस्याएँ सुलझाने में एक खास तरह की संतुष्टि होती है और इसे हतोत्साहित नहीं किया जाना चाहिए। बहरहाल, संसार में हम

अकेले ही नहीं हैं, जिसके सामने ये समस्याएँ आई हैं। दूसरों ने क्या किया है, यह पता करके और सफल कंपनियों व लोगों से मदद माँगकर काफी समय व मेहनत बचाई जा सकती है। इस नीति से हमें ऐसे समाधान मिल सकते हैं, जो हमें और हमारी कंपनी को अपने क्षेत्र में अग्रणी बनाए रखेंगे।

जोखिम लें : अलेक्स का बचपन शिकागो में गुजरा था। किशोरावस्था में वह और उसके मित्र कब्स के जोशीले प्रशंसक थे। जब उनकी टीम जीतती थी, तो वे बहुत खुश होते थे और जब हारती थी, तो बहुत दुखी। अलेक्स को अपने दोस्तों से ज्यादा दुख होता था। कब्स की टीम के हारने पर वह बुरी तरह निराश हो जाता था। एक खास बुरे दौर के बाद अलेक्स ने सोचा, "यह इस लायक नहीं है। मैं किसी टीम के साथ इतना नहीं जुडूँगा कि इतना बुरा महसूस करूँ।" उस समय के बाद उसने कब्स या किसी टीम के साथ खुद को जोड़ने से इनकार कर दिया।

अलेक्स ने यह विचार अपने जीवन के सारे पहलुओं में अपना लिया। उसका दर्शन था : "अगर मैं बहुत ज्यादा शामिल नहीं होऊँगा, तो मैं कभी आहत नहीं हो सकता।" स्कूल में और अपनी नौकरियों में वह हमेशा मध्यम मार्ग पर चलता था। अलेक्स कभी आहत नहीं हुआ, लेकिन उसे कभी सच्ची खुशी भी नहीं मिली। उसका पसंदीदा व्यक्ति, टीम या चीज सफल नहीं होगी, यह जोखिम न लेकर वह "विचारों की पीड़ा" से तो बच गया, लेकिन उसने कभी "विजय के रोमांच" का भी अनुभव नहीं किया।

समर्पण से न डरें : टेरेसा बेहद रोमांचित थी। बहुत सोच-विचार के बाद उसके मन में एक विचार आया था और उसे लग रहा था कि इससे नौकरी में उसके सामने की बड़ी समस्या सुलझ जाएगी। जब उसने अपने बॉस के सामने विचार रखा, तो उन्होंने उसे हवा में उड़ाते हुए कहा, "यह कभी काम नहीं करेगा। वापस जाकर इस पर दोबारा सोचो।" कुछ लोग ऐसी अस्वीकृति के बाद चुप बैठ सकते थे, लेकिन टेरेसा को पक्का यकीन था कि यह काम करेगा, इसलिए वह विचार को बेहतर बनाती रही और समय के साथ उसने अपने बॉस को यकीन दिला दिया कि यह व्यावहारिक था। आविष्कारकों और नवाचार करने वालों को हमेशा खिल्ली का सामना करना

पड़ा है। जोनस साक को बार-बार बताया गया था कि वे पोलियो वैक्सीन की खोज में गलत मार्ग पर जा रहे थे। बिजली के बल्ब के आविष्कार में सफल होने से पहले एडिसन ने सैकड़ों नाकाम कोशिशें की थीं। सफल आविष्कारकों को अपने लक्ष्यों तक पहुँचने से पहले एक के बाद एक पराजयों, शंकाओं और निराशाओं से उबरने के लिए तैयार और समर्थ होना चाहिए।

असहमत होने के लिए तैयार रहें : मान लें, दूसरे लोग किसी समस्या को किसी खास तरीके से सुलझाने के पक्ष में हैं, लेकिन आप उस तरीके से सहमत नहीं हैं। ज्यादातर लोग ऐसी स्थिति में असहज हो जाते हैं, जब वे लोकप्रिय उपाय का विरोध करने वालों के अल्पमत में होते हैं। उन्हें लगता है कि अगर उन्होंने असहमति जताई, तो दूसरे उनका तिरस्कार कर सकते हैं। सुरक्षित रास्ता यह है कि सबके साथ चलो और असहमति को अपने दिल में ही रखो। लेकिन अगर हमें यह यकीन हो कि समूह ने समस्या के किसी महत्त्वपूर्ण पहलू को नजरअंदाज कर दिया है, तो अस्वीकृत होने का जोखिम उठाना महत्त्वपूर्ण है। हम जिसमें विश्वास करते हैं, उसे पेश और साबित करने की कोशिश करना भी महत्त्वपूर्ण है।

जोखिम लेने का यह मतलब नहीं है कि इंसान को दुस्साहसी होना चाहिए। तार्किक लोग तार्किक जोखिम लेते हैं, लेकिन जोखिम की परिभाषा में ही असफलता की आशंका छिपी होती है। सफल व्यावसायिक एक्जीक्यूटिव अपने हर निर्णय में जोखिम लेते हैं। बहरहाल, निर्णय लेने से पहले वे सावधानीपूर्वक शोध और विश्लेषण करते हैं, जिससे उनकी सफलता के अवसर अधिकतम हो जाते हैं। लेकिन आखिरकार जब निर्णय ले लिया जाता है, तो प्रबंधक को धन, समय, ऊर्जा और भावना की संभावित क्षति का जोखिम लेने का इच्छुक होना चाहिए। जोखिम के बिना लाभ की कोई संभावना नहीं होती है।

चैंपियन जोखिम लेते हैं : नौवीं इनिंग के अंत में ब्लू जेज की टीम यांकीज से 2-1 से आगे थी। पहले दो हिटर आउट हो गए। यांकी का नामी हिटर डेव विनफील्ड बैटिंग करने उतरा। गेंद सीधी प्लेट के पार आती

है। धड़ाक! शानदार हिट। विनफील्ड पहला बेस चुराने के लिए दौड़ता है। वह इसे आसानी से पूरा कर लेता है। क्या उसे दूसरे की कोशिश करनी चाहिए? एक सेकेंड से भी कम समय में डेव को यह निर्णय लेना होगा कि क्या उसे सुरक्षित खेलना चाहिए, या फिर उसे उस अतिरिक्त बेस की कोशिश का जोखिम लेना चाहिए, जिससे वह स्कोरिंग की स्थिति में आ जाएगा। अगर वह असफल हो गया, तो मैच खत्म हो जाएगा, लेकिन यह जोखिम लेने से पराजय के विजय में बदलने की संभावना बढ़ जाएगी। जोखिम लेना विनफील्ड के स्वभाव में है, इसलिए अगर सफलता की 50 प्रतिशत से अधिक संभावना है, तो वह दूसरा बेस चुराने की कोशिश करेगा। खेल की तरह ही जीवन में भी चैंपियन लोग जोखिम लेते हैं। इसी से वे चैंपियन बनते हैं।

वह सबसे बुरा क्या है, जो हो सकता है?

अपनी पुस्तक हाउ टु स्टॉप वरीइंग ऐंड स्टार्ट लिविंग में डेल कारनेगी सलाह देते हैं कि जब भी आपके सामने कोई मुश्किल आए, तो यह करें : "खुद से पूछे कि वह सबसे बुरा क्या है, जो संभवतः हो सकता है?" फिर सबसे बुरे को स्वीकार करने की तैयारी करें; सबसे बुरे को बेहतर बनाने की कोशिश करें।

मिसाल के तौर पर, जिल एक संभावित ग्राहक के परचेजिंग प्रबंधक एलन से अपॉइंटमेंट हासिल करने में कामयाब नहीं हो पा रहा था। उसने फोन किया था, पत्र लिखे थे और "उनके दरवाजे पर धरना भी दिया था"- लेकिन कोई फायदा नहीं हुआ था। उसके सहकर्मियों ने उसे सलाह दी कि वह एलन को भूल जाए और अपनी ऊर्जा व समय दूसरे ग्राहक बनाने में लगाए। लेकिन जिल जिद्दी था। एलन के ध्यान को पाने का कोई न कोई तरीका तो होगा। उसे पता चला कि एलन एक उद्योग कार्यशाला में व्याख्यान देने वाले हैं। जिल ने सोचा, अगर मैं उस कार्यशाला में जाता हूँ, तो मैं उनके व्याख्यान के बाद उनके पास जा सकता हूँ, उनसे कुछ सवाल पूछ सकता हूँ और फिर अपना परिचय दे सकता हूँ, ताकि वे कम से कम यह तो जान जाएँ कि मैं कौन हूँ? उसके सेल्स प्रबंधकों और सहकर्मियों ने उसे हतोत्साहित किया। "वह इतना आगबबूला हो जाएगा कि वह इस कंपनी के

किसी व्यक्ति से दोबारा कभी बात नहीं करेगा।"

जिल ने कारनेगी के सिद्धांतों पर अमल करते हुए प्रतिक्रिया की। "वह सबसे बुरा क्या है, जो हो सकता है? वह हमारे साथ कारोबार नहीं करेगा? यह ज्यादा बुरा नहीं है, क्योंकि वह इस समय भी हमारे साथ कारोबार नहीं कर रहा है, इसलिए हमारे पास खोने के लिए दरअसल कुछ भी नहीं है।" "सबसे बुरे को स्वीकार करने की तैयारी करें : अगर मैं मीटिंग में उन्हें प्रभावित नहीं कर पाया, तो मैं उस अकाउंट पर काम करना छोड़ दूंगा।" "सबसे बुरे को बेहतर बनाने की कोशिश करें : मैं जो सवाल पूछता हूँ, उनकी सावधानी से योजना बनाकर मैं उन्हें दिखा सकता हूँ कि मुझे उनके कारोबार के बारे में कितना सच्चा ज्ञान है और इससे शायद वे मुझसे मिलने की अनिच्छा से उबर जाएँगे।" जोखिम लेकर जिल एक "मुश्किल" संभावित ग्राहक तक पहुँच गया और उसने अपनी कंपनी के लिए एक बहुत लाभदायक अकाउंट खोल लिया।

सृजनात्मक बनने के लिए हमें असफलता का जोखिम लेने की जरूरत होती है : हम सभी जीवन में कई चीजों में असफल हुए हैं, लेकिन हम अपनी गलतियों से सीखते हैं और सीख-सीख कर कामयाब होते हैं। जब हम किसी नई चीज को पहली बार आजमाते हैं, तो यह संभव है कि हम सफल न हों। जब छोटी ट्रिसिया ने अपनी पहली जिगसॉ पजल को जमाने की कोशिश की, तो वह कुंठा में रोने लगी। पजल के हिस्से जम ही नहीं रहे थे। लेकिन धैर्य और माँ के थोड़े मार्गदर्शन की बदौलत वह सही आकृति को पहचानने लगी और कुछ ही समय में उसकी असफलताएँ सफलताओं में बदल गईं।

> हम जो बोलते हैं, वह इस बात का सबूत है कि हम कितनी अच्छी तरह सुनते हैं। -मार्शल गोल्डस्मिथ

जब हमारे पास पर्याप्त अनुभव और जानकारी होती है, तब भी हम हमेशा सफल नहीं हो सकते। कई मौकों पर हम असफल हो जाते हैं, लेकिन हमें असफलता की अवधारणा को खुद पर हावी नहीं होने देना चाहिए। हम अपनी गलतियों से सीखते हैं और सीखी बातों का इस्तेमाल करके अपनी असफलताओं से उबरते हैं।

यदि हम अपनी नौकरी और जीवन में तरक्की करना चाहते हैं, तो हमें जोखिम लेना होगा। सावधानीपूर्वक विश्लेषण करके हम असफलता के जोखिमों को कम तो कर सकते हैं, लेकिन हम इसे पूरी तरह कभी नहीं मिटा सकते। जोखिम के बिना लाभ नहीं होता। हमेशा सुरक्षित रहकर हम कष्ट से तो बच सकते हैं, लेकिन हम उस भारी खुशी और संतुष्टि को कभी महसूस नहीं कर पाएँगे, जो बाधाओं से उबरने और अपने लक्ष्यों तक पहुँचने से मिलती है।

8.

बेहतरीन जीवन में बर्नआउट की जगह नहीं होती

हममें से ज्यादातर लोगों के जीवन में ऐसे दिन भी आते हैं, जब हम काम का बहुत बोझ महसूस करते हैं, बोर होते हैं या हमें लगता है कि कोई भी हमारी कद्र नहीं करता है। पुरस्कार मिलने की बात तो रहने ही दें, ऐसे दिनों में कोई इस बात पर गौर भी नहीं करता है कि हम अपनी तमाम जिम्मेदारियाँ कितनी अच्छी तरह निभा रहे हैं। कई बार तो खुद को ऑफिस तक घसीटकर ले जाने में अति मानवीय संकल्प की जरूरत होती है।

लेकिन ऑफिस का बर्नआउट कामकाज में बहुत तनावग्रस्त होना ही नहीं है। बर्नआउट निरंतर तनाव का परिणाम जरूर होता है, लेकिन इसका मतलब बहुत ज्यादा तनाव नहीं है। जब हम तनावग्रस्त होते हैं, तो हम बहुत ज्यादा चिंता करते हैं, लेकिन जब हम बर्नआउट के शिकार होते हैं, तो हमें बेहतरी की कोई उम्मीद ही नजर नहीं आती है। हम उस बिंदु तक पहुँचना नहीं चाहते हैं।

तनाव बनाम बर्नआउट

तनाव में बहुत ज्यादा का पुट होता है : बहुत ज्यादा दबाव, जो शारीरिक और मनोवैज्ञानिक रूप से बहुत ज्यादा माँग करता है। तनावग्रस्त होने पर हम यह सोचते हैं कि अगर हम हर चीज को अपने नियंत्रण में ले लें, तो हम बेहतर महसूस करेंगे। दूसरी तरफ, बर्नआउट में अपर्याप्तता का पुट होता है। बर्नआउट का मतलब है खाली महसूस करना, प्रेरणा की कमी। इसमें बेपरवाही का भाव होता है। बर्नआउट का अनुभव करने वाले लोगों को प्रायः अपनी परिस्थितियों में सकारात्मक परिवर्तन की कोई उम्मीद ही

नजर नहीं आती है। यदि अत्यधिक तनाव जिम्मेदारियों में डूबने जैसा है, तो बर्नआउट पूरा सूखने जैसा है।

तनाव बर्नआउट

- अति संलग्नता इसकी पहचान है–असंलग्नता इसकी पहचान है।
- भावनाएँ अति प्रतिक्रियाशील होती हैं, भावनाएँ कुंद होती हैं।
- तात्कालिकता और अति गतिविधि उत्पन्न करता है–असहायता और निराशा उत्पन्न करता है।
- ऊर्जा की कमी प्रेरणा, आदर्शों और आशा की कमी।
- विषाद के विकारों की ओर ले जा सकता है–तटस्थता और डिप्रेशन की ओर ले जा सकता है।
- बुनियादी क्षति शारीरिक होती है–बुनियादी क्षति भावनात्मक होती है।
- असमय हमारी जान ले सकता है–इसमें जीवन जीने लायक नहीं लगता है।

बर्नआउट रोकने के कदम

नौकरी के बर्नआउट से मुक्त होने का सबसे प्रभावी तरीका यह है कि आप जो कर रहे हो, उसे छोड़ दें और कोई दूसरी चीज करने लगें, चाहे इसका मतलब ऑफिस में कामकाज बदलना हो या करियर बदलना ही क्यों ना हो। हममें से ज्यादातर के लिए यह एक अतिवादी कदम है। यह कोई ऐसा विकल्प नहीं है, जिसे हम चुन सकते हैं या चुनेंगे। ज्यादा समझदारी इस बात में है कि हम अपने तनाव और अति बोझ के स्तर के बारे में जागरूक बनें, जो बर्नआउट की ओर बढ़ रहा है, ताकि हम प्रतिबंधात्मक कार्यवाही कर सकें।

याद रखें, ये चेतावनियाँ उन लोगों के लिए और भी ज्यादा प्रासंगिक हो सकती हैं, जो स्व-रोजगार में हैं और जिन्हें यह महसूस होता है कि दरअसल खुद को धकेलने से ही सर्वश्रेष्ठ परिणाम मिलेंगे!

बर्नआउट की रोकथाम के कुछ कदम ये हैं :

नौकरी की अपेक्षाएँ स्पष्ट करें : अपनी नौकरी के कर्तव्यों और

जिम्मेदारियों के वर्णन को अद्यतन करें। इससे पहले विचार-विमर्श के दौरान आप यह बता सकेंगे कि आपसे जो चीजें करने की उम्मीद की जाती है, वे आपके कार्य वर्णन का हिस्सा नहीं हैं। इससे आप यह दिखाने की लाभप्रद स्थिति में आ जाते हैं कि आप अपनी नौकरी के मापदंडों के ऊपर काम कर रहे हैं।

परिवर्तन का आग्रह करें : यदि आप नौकरी के बर्नआउट का अनुभव कर रहे हैं और आपकी कंपनी पर्याप्त बड़ी है, तो आप किसी दूसरी जगह, ऑफिस या विभाग में जाकर काम कर सकते हैं। सिर्फ जगह बदलने से ही नया दृष्टिकोण मिल सकता है।

अलग जिम्मेदारियाँ माँगें : अगर आप लंबे समय से एक ही काम करते आ रहे हैं, तो अगर यह नौकरी से संबंधित नहीं है, तो आप अपने स्तर पर या फिर अधिकारियों से किसी नई चीज को आजमाने का आग्रह कर सकते हैं : बिक्री का दूसरा इलाका, अलग प्रोजेक्ट, अलग भूमिका।

अवकाश लें छुट्टियाँ मनाने जाएँ : बीमारी की छुट्टियाँ लें और अंशकालीन अवकाश लें। खुद को स्थिति से दूर हटाने के लिए कुछ करें। काम के अलावा "खुद के लिए समय" तय करें। हालाँकि समर्पित कर्मचारी होना प्रशंसनीय बात है, लेकिन अपने कामकाज का बंधुआ मजदूर बनने से आप लंबे समय में थक जाएँगे। अगर काम ही आपका जीवन है और आपका जीवन ही काम है, तो बर्नआउट अवश्यंभावी है। काम से कब अवकाश लेना है, इसे पहचानें। हर सप्ताह काम से परे नियमित समय तय करें। अच्छा तो यह रहेगा कि आप यह समय किसी व्यक्तिगत शौक या जोश में लगाएँ, जो आपके दिमाग के कोहरे को साफ कर दे। मछली पकड़ना, बुनाई करना, जिम में व्यायाम करना, पढ़ना, पेंटिंग करना और बगीचे में काम करना बस कुछ तरीके हैं, जिनसे लोग काम के बाहर आनंद लेते हैं। काम से दूर बिताए गए समय का इस्तेमाल करके हम अपनी बैटरियों को रिचार्ज कर सकते हैं और सही परिप्रेक्ष्य हासिल कर सकते हैं।

नियमित ब्रेक लें : ऑफिस में मानसिक स्वास्थ्य लगातार ज्यादा महत्त्वपूर्ण होता जा रहा है। नियोक्ता इस बात को पहचानने लगे हैं कि

मानसिक चपलता बरकरार रखने के लिए उनके कर्मचारियों को अक्सर ब्रेक लेने की जरूरत होती है। यदि आप नियोक्ता हैं, तो अपने कर्मचारियों को सुबह पंद्रह मिनट का ब्रेक दें, लंच में 30 से 60 मिनट की छुट्टी दें (यह ब्रेक ऑफिस के बाहर लेने की सलाह दी जाती है) और शाम को पंद्रह मिनट का एक अतिरिक्त ब्रेक दें। इससे आप पाएँगे कि आपकी या आपके कर्मचारियों की बैटरी हमेशा पूरी तरह चार्ज रहती है।

एक अनूठा ब्रेक रूम बनाएँ (या उसका सुझाव दें) : पारंपरिक ब्रेक रूम सपाट होते हैं - कॉफी मशीन, वाटर कूलर और आम तौर पर उदास सी जगह। कुछ कंपनियाँ लीक से हटकर ब्रेक रूम को आकर्षक बनाने लगी हैं। कुछ ने तो अपने ब्रेक रूम में टेलीविजन, गेम टेबल और वीडियो गेम सिस्टम भी लगा दिए हैं। रॉचेस्टर न्यूयॉर्क के एक हॉस्पिटल के ब्रेक रूम में तो निन्टेंडो लगा है। कर्मचारी अगर निश्चित समय तक काम से अवकाश लेकर मजे लेते हैं, तो इससे नौकरी के बर्नआउट की रोकथाम में बहुत मदद मिलेगी। यदि आप कर्मचारी हैं, तो अपनी कंपनी में भी ऐसे ही आकर्षक ब्रेक रूम बनाने का सुझाव दें।

जीवन और कामकाज को संतुलित करें : कामकाज आपके जीवन का समूचा केंद्रबिंदु नहीं होना चाहिए - खास तौर पर अगर आप सुखद घरेलू जीवन को कायम रखना चाहते हैं। चाहे आप स्वतंत्र रहते हों, पत्नी के साथ रहते हों या पूरे परिवार - बच्चों आदि - के साथ रहते हों, आपको कामकाज और घर के बीच अपने समय के प्रभावी प्रबंधन की जरूरत है। जब ऑफिस से निकलने का समय हो, तो ऑफिस से निकल जाएँ। अपने परिवार के पास घर लौटें। अपने जीवनसाथी या मित्रों के साथ फिल्म देखने जाएँ। अपने निजी जीवन के प्रति भी उतना ही समय और ध्यान दें, जितना आप अपने कामकाजी जीवन पर देते हैं। वरना आप घर पर समस्याओं और कुंठाओं को विकसित होते देखेंगे, जिनका आपके कामकाजी जीवन पर असर होगा और जिनकी वजह से आप बर्नआउट महसूस करेंगे।

स्वस्थ जीवनशैली कायम रखें : उचित आहार लें, व्यायाम करें, पर्याप्त नींद लें। कार्बोनेटेड व रसायनों से भरे पेय पदार्थ के बजाय पानी पिएँ। इन सभी का आपके व्यवहार पर बहुत असर पड़ सकता है, ऑफिस में भी। सप्ताह में तीन दिन तीस-चालीस मिनट व्यायाम के लिए अलग रख दें और

अपने आहार के प्रबंधन में थोड़ी ज्यादा कोशिश करें। ऐसा करने से आपको बहुत से तरीकों से लाभ होगा और सकारात्मक जीवनशैली ज्यादा सकारात्मक कामकाजी अनुभव की ओर ले जाएगी।

अपने "मार्जिन" का पता लगाना

तनाव पर अपनी महत्त्वपूर्ण पुस्तक मार्जिन : रेस्टोरिंग इमोशनल, फिजिकल, फाइनैंशियल, ऐंड टाइम रिजर्व्ज टु ओवरलोडेड लाइव्ज में डॉ. रिचर्ड स्वेन्सन ने लिखा है कि "मार्जिन हमारे बोझ और हमारी सीमाओं के बीच की जगह है।" वे सुझाव देते हैं कि भंडार बढ़ाने के लिए हमें अपने जीवन में मार्जिन बढ़ाने के तरीकों की तलाश करनी चाहिए। उनकी अवधारणा यह है कि हमारे जीवन में तनाव तब तक नहीं बढ़ सकता, जब तक कि हम किसी चीज को बाहर निकालकर इसके लिए जगह नहीं बना दें।

जिस तरह पुस्तक में सफेद स्थान और मार्जिन की वजह से इसे पढ़ना आसान होता है, उसी तरह हमारे जीवन में मार्जिन हमें परिवर्तन और तनाव के दौरान ज्यादा लचीला और खुला बनाता है। डेल कारनेगी द्वारा सुझाए अन्य कदम ये हैं :

"ब्लॉक डे" की शक्ति का दोहन करें

"ब्लॉक डे या आरक्षित दिन" तय करना सोचने और नवीनीकरण करने की जगह बनाने का प्रभावी तरीका है। ब्लॉक डे का इस्तेमाल कामकाजी दिन में एकाग्र रहने या कामकाज से अवकाश लेने के लिए भी किया जा सकता है।

जो लोग अति बोझ के नजदीक आ रहे हैं, वे अक्सर महसूस करते हैं कि वे कई कारणों से ब्लॉक डे नहीं ले सकते।

इरादतन जगह बनाएँ

जब हम अति बोझ की दिशा में बढ़ रहे हों, तो इससे बचने के लिए हमें आक्रामक रणनीति बनाने की जरूरत है। नीचे कुछ विचार दिए गए हैं, जिन्होंने अति बोझ और बर्नआउट से बचने में पेशेवर लोगों की मदद की है।

"नहीं" कहना सीखें। हमारे पास किसी समय में असंख्य विकल्प होते

हैं, लेकिन हम ज्यादातर ऐसी चीजें करने का फैसला करते हैं, जो हमारे लिए अर्थपूर्ण नहीं हैं। जीवन की निजी जगहों के चारों ओर एक बाड़ बनाना महत्त्वपूर्ण है। काम की अति से सावधान रहें। कई लोगों को ऑफिस में "नहीं" कहने में मुश्किल आती है। इससे आम तौर पर हर बार काम का बोझ बढ़ता जाता है, जब वे एक हाथ यहाँ और दूसरा हाथ वहाँ लगाने के लिए तैयार हो जाते हैं, अतिरिक्त प्रोजेक्ट ले लेते हैं या दूसरी चीजें करते रहते हैं। कारोबारी जगत में टीम खिलाड़ी होना महत्त्वपूर्ण होता है; समय-समय पर अपने सहकर्मियों की मदद करना अपने करियर को परवान चढ़ाने का अचूक तरीका है। लेकिन अगर आप सावधान नहीं रहे, तो दूसरे कर्मचारी आपके उदार, मददगार स्वभाव का लाभ लेंगे और आप ज्यादा कामकाज के तनाव का शिकार हो जाएँगे।

आम तौर पर जीवन को सरल बनाएँ : यह कहा गया है कि हम जिन चीजों के स्वामी होते हैं, उनमें से सिर्फ बीस प्रतिशत का ही इस्तेमाल करते हैं, लेकिन हमें सौ प्रतिशत चीजों का रखरखाव करना होता है।

संतुष्टि की आदत डालें : डेल कारनेगी ने कहा था, "आइए हम अपने मन को शांति, साहस, स्वास्थ्य और आशा के विचारों से भर लें, क्योंकि हमारा जीवन वैसा ही होता है, जैसा हमारे विचार इसे बनाते हैं।"

गति धीमी करें, जल्दबाजी छोड़ें : तेज होना अच्छा है; ज्यादा तेज होना अच्छा है; जरूरत से ज्यादा तेज होना अच्छा नहीं है। जब हम अपनी समयसीमा को ज्यादा खींचते हैं, तो हम गति को सर्वोच्च प्राथमिकता देते हैं, कामकाज में गुणवत्ता की बलि चढ़ा देते हैं और हम खुद को तथा अपने आस-पास वालों को तनावग्रस्त कर देते हैं।

लोगों में रुचि लें : संबंधों को पोषण दें और परवाह करने वाले मित्रों का नेटवर्क तैयार करें। अध्ययनों ने दर्शाया है कि अच्छे मित्र होना लंबा और स्वस्थ जीवन जीने में एक महत्त्वपूर्ण घटक होता है।

9.

सामने वाले तक विचार पहुंचाएँ

डॉ. न एम. आवेश में थे। "मैंने विस्तार से समझाया था कि वह काम कैसे करना है। उसने मुझसे कहा था कि वह समझ गया है, लेकिन उसने काम को पूरी तरह गड़बड़ कर दिया है। अब इसे शुरू से अंत तक दोबारा करना होगा।" यह आपके साथ कितनी बार हुआ है? आप किसी अधीनस्थ को विस्तृत निर्देश देते हैं, किसी साथी को कोई विचार समझाते हैं, किसी ग्राहक को कोई प्रक्रिया बताते हैं-इसके बाद आपको लगता है कि सामने वाला इसे स्पष्टता से समझ गया है, लेकिन बाद में आपको पता चलता है कि वह बिलकुल भी नहीं समझा था। हम कई समस्याओं से बच सकते हैं और हमारा काफी समय बच सकता है, अगर हम यह सुनिश्चित कर लें कि हमारी बात को सामने वाला उसी तरह समझ गया है, जिस तरह हम उसे समझाना चाहते हैं।

क्या सामने वाला संदेश को सचमुच समझ गया है?

जब डॉन ने अपने अधीनस्थ को विस्तृत निर्देश दिए, तो आपको क्या लगता है, अंत में उसने कौन-सा प्रश्न पूछा होगा? आपका अनुमान सही है। उसने पूछा था, "आप समझ गए?" और आपको क्या लगता है, अधीनस्थ ने क्या जवाब दिया होगा? एक बार फिर आपका अनुमान सही है। उसने निश्चित रूप से यही कहा था, "हाँ, मैं समझ गया।" कोई कहता है कि वह समझ गया है, तो इसका मतलब हमेशा यह नहीं होता कि वह सचमुच समझ गया है। कुछ लोग बस सोच लेते हैं कि वे सामने वाले की बात समझ गए हैं और जाहिर है, वे कहते भी यही हैं कि वे समझ गए हैं। बहरहाल, चूंकि उनकी व्याख्या जानकारी देने वाले व्यक्ति की व्याख्या से भिन्न हो सकती है, इसलिए वे दरअसल समझ ही नहीं पाए थे।

अन्य लोग बताई गई बातों का सिर्फ थोड़ा-सा हिस्सा समझते हैं और यह मान लेते हैं कि वे पूरा संदेश समझ गए हैं। बाकी लोग इसे बिलकुल भी नहीं समझते हैं, पर उन्हें अपने बॉस के सामने यह बताने में शर्म आती है कि वे उनकी बात नहीं समझे हैं, इसलिए वे कहते हैं कि वे समझ गए हैं और फिर वे अपनी बुद्धि से उनकी बातों का मतलब निकालने की कोशिश करते हैं। इन स्थितियों में कोई सच्चा संवाद हुआ ही नहीं है और यह संभावना है कि गलतियाँ की जाएँगी, गलतफहमियाँ होंगी और समय बरबाद होगा, भावनाएँ भड़केंगी और काम ठीक से नहीं हो पाएगा।

अच्छे संवाद करने वाले अपने विचार दूसरों तक कैसे पहुँचाते हैं? आइए ऑफिस के मैनेजरों, फैक्ट्री के सुपरवाइजरों, सेल्स मैनेजरों और अन्य प्रशासकीय अधिकारियों के एक सर्वे की कुछ प्रतिक्रियाओं पर नजर डालते हैं।

न्यूयॉर्क सिटी में एक ट्रेवल एजेंसी की ऑफिस मैनेजर बेट्टी एम. ने बताया कि वह कभी किसी कर्मचारी से यह नहीं पूछती हैं कि क्या वह निर्देशों को समझ गया है। इसके बजाय वह अधीनस्थ से कहती हैं कि वह उसे बताए कि वह क्या करने वाला है। बेट्टी ने हमें बताया, "मैं उन्हें एक क्विज देती हूँ। यदि मैं किसी क्लर्क को कोई प्रोजेक्ट पूरा करने का काम सौंपती हूँ, तो उसे समझाने के बाद मैं उससे यह पूछती हूँ कि वह क्या करने वाली है। मेरे दिमाग में जो था, यदि उसकी व्याख्या उससे अलग होती है, तो मैं इसे उसी समय सही कर सकती हूँ, ताकि यह बाद में समस्या न बने। यदि प्रोजेक्ट जटिल है, तो मैं बहुत से प्रश्न पूछती हूँ, जैसे "यदि यह होता है, तो आप क्या करेंगी?" और "यदि वह होता है, तो?"

बेट्टी की जिम्मेदारियों में क्लर्क स्टाफ को यह सिखाना भी है कि रिजर्वेशन करने और विमान टिकट खरीदने व जारी करने में प्रयुक्त कंप्यूटर कैसे चलाएँ। उसने कहा : "कोई क्लर्क उस कंप्यूटर को सही तरीके से चला लेगा, यह सुनिश्चित करने के लिए उससे सवाल पूछने के अलावा मैं उससे कहती हूँ कि वह मुझे कंप्यूटर पर कई तरह की समस्याओं से निबटकर दिखाए। उससे कंप्यूटर पर सचमुच काम कराकर मैं खुद देख सकती हूँ कि उसने कितना सीखा है और उसमें कितनी योग्यता है।"

क्या संदेश स्वीकार कर लिया गया है?

जो बताया जाता है, उसे समझना अच्छे संवाद का एक बुनियादी पैमाना है, लेकिन एक और घटक है, जो इतना ही महत्त्वपूर्ण है। बताई गई बात सामने वाले को न सिर्फ समझना चाहिए, बल्कि उसे वह बात स्वीकार भी करना चाहिए। मैनेजर एक क्लर्क से कहती है कि काम दोपहर तीन बजे तक पूरा हो जाना चाहिए। इसमें कोई शक नहीं है कि क्लर्क को इसका मतलब अच्छी तरह समझ में आ जाता है, लेकिन वह खुद से कहती है, "किसी तरह से नहीं हो सकता।" क्या आप सोचते हैं कि वह काम तीन बजे तक पूरा हो जाएगा? संभावना नहीं है। जब तक कि काम करने वाला व्यक्ति यह महसूस न करे कि समयसीमा तार्किक है और इसमें काम किया जा सकता है, तब तक वह उस समयसीमा में काम पूरा करने की कोशिश ही नहीं करेगा।

लुइस आर. रॉक हिल, साउथ कैरोलिना में एक इमारत रख-रखाव सेवा की स्वामिनी और प्रबंधक हैं। वह अपने कर्मचारियों से सहभागिता का आग्रह करके स्थितियों को सँभालती हैं। आम तौर पर प्रोजेक्ट में स्त्री-पुरुषों की टीम होती है। वह उन्हें इकट्ठा करके सबसे पहले तो यह बताती हैं कि क्या करने की आवश्यकता है और समय के दबाव का क्या कारण है। फिर वह उनसे पूछती हैं कि उनके ख्याल से इसे कब तक पूरा किया जा सकता है और उनके दूसरे सुझाव क्या हैं। अक्सर वे ऐसे समाधान बताते हैं, जो सिर्फ प्रबंधन के बताए समाधानों से बेहतर होते हैं, लेकिन समय-समय पर इन बैठकों से लुइस को यह पता चलता है कि ओवरटाइम या अतिरिक्त मदद की जरूरत है और समय का उसका मूल अनुमान अति आशावादी था। चूंकि उनके कर्मचारी जानते हैं कि वह उन्हें सहभागी बनाती हैं और उनकी बात सुनती हैं, इसलिए वे मुश्किल स्थितियों में उन्हें ज्यादा सहयोग करते हैं, जब अतिरिक्त प्रयास, ऊर्जा और समर्पण की जरूरत होती है।

हम क्या कहेंगे, इसकी योजना बनाएँ : चाहे हम किसी समूह के सामने बोल रहे हों या आमने-सामने किसी अकेले व्यक्ति से बात कर रहे हों, हमें अपने संदेश पर पूरा विचार करना चाहिए और पहले से ही योजना बना लेनी चाहिए कि हम अपना संदेश कैसे प्रस्तुत करेंगे। कई बार तो

हमें तैयारी करने के लिए बहुत कम समय मिलेगा या बिलकुल भी नहीं मिलेगा, इसलिए हमें तुरंत सोचना होगा, लेकिन अक्सर जब किसी चीज पर विचार-विमर्श की आवश्यकता होती है, तो हम बहुत कम समय में ही तैयारी कर सकते हैं।

विषय को जानें : नौकरी में हम आम तौर पर दूसरों से उन विषयों पर संवाद करेंगे, जिनसे हम अच्छी तरह से वाकिफ हैं : जो काम हम कर रहे हैं, हमारी विशेषज्ञता संबंधी मामले या कंपनी संबंधी समस्याएँ। फिर भी हमें तथ्यों की समीक्षा करके यह सुनिश्चित कर लेना चाहिए कि हमारे पास सारी उपलब्ध जानकारी है और हम किसी भी प्रश्न का जवाब देने के लिए तैयार हैं।

समय-समय पर हमें ऐसे विषयों पर रिपोर्ट तैयार करने को कहा जा सकता है, जिनसे हम अपरिचित हैं। मिसाल के तौर पर, हो सकता है कि हमारी कंपनी एक नया कंप्यूटर सॉफ्टवेयर खरीदना चाहती है और हमसे इसकी रिपोर्ट तैयार करने को कहा जाता है।

- विषय के बारे में ज्यादा से ज्यादा जानकारी हासिल करें। प्रस्तुति के लिए जितनी जानकारी की जरूरत हो, उससे दस गुना ज्यादा जानकारी रखें।
- प्रस्तावित खरीदारी के सकारात्मक और नकारात्मक पहलुओं तथा उनके समाधान आदि पर नोट्स तैयार करें।
- चाहे हम यह रिपोर्ट एक व्यक्ति के लिए (हमारे बॉस, मिसाल के तौर पर) बना रहे हों या मैनेजरों अथवा तकनीकी विशेषज्ञों के समूह के लिए बना रहे हों, हमें उस विषय से संबंधित किसी भी तरह के प्रश्नों का जवाब देने के लिए तैयार रहना चाहिए।

श्रोताओं को जानें : यदि श्रोता बात को न समझ पाए, तो संवाद में सबसे कुशल व्यक्ति भी अपना संदेश पहुंचाने में असफल रहेगा। अच्छे संवाद का आधा हिस्सा अपने श्रोताओं को समझना है। ऐसे शब्द चुनें, जिन्हें आपके श्रोता आसानी से समझ लें। यदि श्रोता तकनीकी पृष्ठभूमि वाले हैं, तो आप संवाद में तकनीकी शब्दावली का इस्तेमाल कर सकते हैं : हमारे

श्रोता इस खास शब्दावली को स्पष्टता और आसानी से समझ लेंगे। लेकिन अगर हम तकनीकी विषय पर गैर-तकनीकी श्रोताओं से बातचीत कर रहे हैं, तो तकनीकी भाषा का इस्तेमाल न करें। यदि श्रोता हमारी शब्दावली को ही नहीं समझ सकते, तो हमारा संदेश खो जाएगा।

मिसाल के तौर पर, चार्ल्स एक इंजीनियर है, जिसे अपने कामकाज के सिलसिले में दूसरे इंजीनियरों से बातचीत करनी होती है। वह सारे समय तकनीकी शब्दावली का इस्तेमाल करने का आदी है। मान लें, उससे कहा जाता है कि वह एक नए इंजीनियरिंग प्रोजेक्ट की फंडिंग के लिए कंपनी के वित्त विभाग के सामने एक प्रस्तुति दे। संदेश सही तरीके से पहुँचे, यह सुनिश्चित करना श्रोताओं की नहीं, बल्कि चार्ल्स की जिम्मेदारी है। यदि वह आम लोगों की भाषा में तकनीकी बातों को स्पष्ट कर सकता है, तो उसे ऐसा करना चाहिए। लेकिन अगर तकनीकी शब्दावली का इस्तेमाल करना अनिवार्य हो, तो पहली बार किसी तकनीकी शब्दावली का इस्तेमाल करते वक्त चार्ल्स को ठहरकर उसे समझाना चाहिए और अगर उसे महसूस होता है कि दोहराने की जरूरत है, तो उसे कम से कम एक बार फिर समझाना चाहिए।

स्पष्टता से बोलें : हम सभी ऐसे वक्ताओं को सुन चुके हैं, जो बुदबुदाते हैं, बहुत तेजी से या बहुत धीरे बोलते हैं और जिनका लहजा समझना मुश्किल होता है। अगर कोई स्पष्टता से नहीं बोलता है, तो वह जो संदेश देने की कोशिश कर रहा है, उसका ज्यादातर हिस्सा श्रोताओं तक नहीं पहुँच पाएगा। खराब बोलने को सुधारना तुलनात्मक रूप से आसान है। अध्याय 4 में इसके कुछ तरीके विस्तार से बताए जाएंगे।

जब हम होने वाली बातचीत के बारे में सकारात्मक नजरिया रखते हैं, तो यह तुरंत हमारे चेहरे पर खिल जाती है।

आँखों का संपर्क : जब हम अपने श्रोता की तरफ सीधे देखते हैं, तो इससे यह संदेश जाता है कि हम आत्म विश्वासी और ईमानदार हैं तथा सामने वाले में रुचि ले रहे हैं। अगर आँखों का संपर्क कम है, तो इसे आम तौर पर डर, बेईमानी, शत्रुता या बोरियत का संकेत माना जाता है।

शोध दर्शाता है कि जब नौकरी का इंटरव्यू लेने वाला आँखों का संपर्क कायम रखता है, तो उम्मीदवार ज्यादा पूर्ण और अच्छे जवाब देते हैं। कक्षा में जो पढ़ाया जाता है, उसे विद्यार्थी कितना समझते और याद रखते हैं, वह भी शिक्षक की आँखों के संपर्क से सीधे जुड़ा होता है। दूसरी तरफ, सामने वाले की आँखों पर ही निगाह टिकाए न रखें। उसके पूरे चेहरे को देखें।

हम अपने श्रोताओं की बॉडी लैंग्वेज को कैसे समझें, इस बारे में अध्याय 3 में बात की जाएगी।

संदेशों को टीवी की तरह प्रसारित करें : हमें अपनी पाँचों इंद्रियों से जानकारी मिलती है। सूंघने, स्वाद लेने और महसूस करने से विचार तथा आभास विकसित होते हैं, लेकिन हमारे दिमाग में सबसे ज्यादा जानकारी सुनने और देखने से पहुँचती है - ऑडियो और वीडियो। टेलीविजन के इस युग में इसमें एक गहरा बदलाव हुआ है। टेलीविजन ने ऑडियो और वीडियो को मिला दिया है, ताकि जो लोग इस माध्यम पर बच्चों के एनीमेशन प्रोग्रामो से लेकर आज के समाचारों को देखते बड़े हुए हैं, वे लोग आँख-कान से एक साथ जानकारी ग्रहण करने के आदी हो जाएँ। हमें दूसरे लोगों के साथ अपने संप्रेषण में "बहुल-इंद्रिय-संदेश" देने की आदत डाल लेनी चाहिए, ताकि हमारे संदेश ज्यादा प्रभावी ढंग से पहुँच सकें।

सिर्फ बताएँ नहीं - दिखाएँ : जोआन जब अपने कर्मचारियों को बीमा दावे निबटाने का प्रशिक्षण दे रही थी, तो उसने पाया कि जब वह प्रक्रिया समझाते समय फ्लो चार्ट बनाती थी, तो कर्मचारी इसे ज्यादा आसानी से लेते थे। सिखाते समय वह हर कदम के लिए बॉक्स खींचती थी और तीर बनाकर एक कदम से दूसरे कदम तक की गतिविधि दिखाती थी।

स्टीव ने दुःखद अनुभव से सीखा कि काम करने के तरीके के बारे में बताने भर से कर्मचारी उसकी बात नहीं समझ पा रहे थे। वेयरहाउस में आए बिना कर्मचारी उसकी बताई हुई बातों को पूरी तरह नहीं समझ पाते थे। उसे अपने प्रशिक्षुओं को अलग-अलग जगहों से वेयरहाउस में लाने में बहुत समय और पैसा खर्च करना होता था। प्रशिक्षण को सरल बनाते हुए उसने उन वेयरहाउस का एक मॉडल तैयार किया। अब वह इस मॉडल के जरिये अपने कर्मचारियों को प्रशिक्षण देता था और बताता था कि उन्हें कौन-सा

काम कब और कहाँ करना होगा।

कई एक्जीक्यूटिब्ज के ऑफिसों में फ्लिप चार्ट या चॉकबोर्ड होते हैं, ताकि वे विजुअल माध्यम का इस्तेमाल करके अपने मौखिक संप्रेषण में जान डाल सकें। अगर किसी विषय पर चार्ट, ग्राफ, रेखाचित्र या स्केच के साथ बात की जाती है, तो प्रस्तुति ज्यादा असरदार हो जाती है। जब बोली गई बातों के साथ-साथ चित्र भी दिखाए जाते हैं, तो लोग किसी विषय के बारे में ज्यादा तेजी से सीखते हैं और ज्यादा लंबे समय तक याद रख पाते हैं।

सिरेकस यूनिवर्सिटी स्कूल ऑफ जर्नलिज्म के एक बेहद लोकप्रिय प्रोफेसर थे। वे कार्टूनिस्ट भी थे। व्याख्यान देते वक्त वे कार्टून और हास्य-चित्र बनाते थे। उनके साथी इस आदत पर नाक-भौं सिकोड़ते थे और उनकी इस हरकत को प्रोफेसर के आदर्श व्यवहार के अनुरूप नहीं मानते थे। वे उपहास करते हुए कहते थे, "वह पढ़ा नहीं रहा है, वह तो बस अपनी कक्षाओं का मनोरंजन कर रहा है।" सच है, उनके विद्यार्थियों को यह रोचक लगता था, लेकिन इसकी बदौलत वे बहुत ज्यादा जानकारी प्राप्त कर लेते थे. जो अकेले व्याख्यानों से संभव नहीं था। बरसों बाद भी उनके विद्यार्थियों को उनकी सिखाई बातें याद रहती थीं।

विजुअल साधनों का प्रभावी इस्तेमाल कैसे किया जाए, इस बारे में अध्याय 5 में बात की जाएगी।

फोन पर चित्र बनाएँ : एक मीडिया का इस्तेमाल हम चित्र बनाने के लिए नहीं कर सकते हैं और यह है फोन। लेकिन अगर हम फोन पर शब्द-चित्र खींच दें, तो हमारे श्रोता उसे "देखने" में सक्षम हो सकते हैं। हम जो कह रहे हैं, उसका शब्द-चित्र बनाने पर श्रोता अपने मन की आँख से तसवीर देख सकता है।

मान लें, हमसे अपनी इमारत का रास्ता पूछा जाता है। हम कहते हैं : "आई-95 से एग्जिट 23 तक जाएँ, जो मलबेरी सड़क है। रैम्प से दाएँ मुड़ें और कार से चौथी ट्रैफिक लाइट तक जाएँ, यह 17वाँ एवेन्यू है। 17वें एवेन्यू से बाएँ मुड़ें और बारह ब्लॉक आगे स्मिथ रोड तक पहुँचें। स्मिथ रोड पर दाएँ मुड़ जाएँ और पाँच ब्लॉक आगे जाएँ। हमारा नंबर 2345 स्मिथ रोड है।" यह वर्णन स्पष्ट है। लेकिन अब आइए यही रास्ता हम शब्द-चित्रों

के माध्यम से बताते हैं : "आई–95 से एग्जिट 23 तक जाएँ, यह मलबेरी सड़क है। रैंप से दाएँ मुड़ जाएँ और कार से चौथी ट्रैफिक लाइट तक जाएँ। आपके बाईं तरफ टैक्सेको स्टेशन है और दाईं तरफ मैकडॉनल्ड है। यह 17वाँ एवेन्यू है। 17वें एवेन्यू से बाएँ मुड़ें। कार से फायरहाउस तक जाएँ, यह स्मिथ रोड है। कार दाएँ मोडें और बाईं तरफ ईंट की पीली इमारत तक जाएँ। यही हमारा ऑफिस, 2345 स्मिथ रोड है।"

क्या यह ज्यादा आसान नहीं है? आने वाले को लाइटें या ब्लॉक नहीं गिनने पड़ते हैं या सड़क के नाम नहीं देखने पड़ते हैं। उसे तो बस बड़ी इमारतों पर निगाह रखनी होती है, जो वैसे भी आसानी से दिख जाती हैं।

भविष्य को टीवी की तरह प्रसारित करें : सफल सेल्सकर्मी शब्द–चित्रों का इस्तेमाल करते हैं। ऑड्री कंप्यूटर बेचती है। उसके एक संभावित ग्राहक के सामने जो समस्याएँ थीं, उन पर बातचीत करते समय उसे पता चला कि वह बुनियादी तौर पर अपने अव्यवस्थित ऑफिस को लेकर चिंतित था, जिसका वह प्रबंधक था। उसने शिकायत की, "हर जगह कागज और फाइलों का अंबार लगा हुआ है। और मैं कभी अपनी जरूरत की फाइलें नहीं खोज पाता – हालाँकि वे शायद उसी ढेर में कहीं दबी होती हैं।" अपनी कंपनी के प्रॉडक्ट के तकनीकी पहलुओं का वर्णन करने के बाद ऑड्री ने कहा, "आइए आज से छह महीने बाद की तसवीर देखते हैं। आप ऑफिस में जाते हैं। वहाँ डेस्कों और कुर्सियों पर कागज या फाइलों के कोई ढेर नहीं हैं। आपके सारे कर्मचारी अपने कंप्यूटरों पर काम कर रहे हैं; आपको एक फाइल की जरूरत पड़ती है। आप टर्मिनल पर बैठते हैं और फाइल का नाम डालते हैं। तुरंत चाही गई जानकारी आपकी स्क्रीन पर प्रकट हो जाती है। कोई इंतजार नहीं, कोई निराशा नहीं।"

ऑड्री ने भविष्य का शब्द–चित्र खींच दिया है। प्रबंधक को इसका मानसिक चित्र देखने और खरीदने का महत्त्व समझने के लिए ज्यादा कल्पना की जरूरत नहीं है।

स्पष्ट संवाद की बाधाएँ : चाहे हम संदेश कितनी ही अच्छी तरह तैयार कर लें और प्रस्तुत भी कर दें, अक्सर सामने वाले तक हमारा पूरा संदेश नहीं पहुँच पाता है। राह में कुछ बाधाएँ आ जाती हैं, जो संदेश के

संप्रेषण में रुकावट डालती हैं।

इनमें से कुछ बाधाएँ भौतिक नहीं, बल्कि मनोवैज्ञानिक होती हैं। हमारी अभिव्यक्ति भले ही दोषहीन रही हो और हमने शब्द समझदारी से चुने हों, लेकिन अमूर्त क्षेत्रों में समस्याएँ उत्पन्न हो जाती हैं : हम में से प्रत्येक की धारणाएँ, अपना नजरिया और भावनाएँ होती हैं।

धारणाओं की जाँच करे : हमारे पास इस बारे में एक अच्छा विचार होता है कि कोई खास समस्या किस कारण उत्पन्न होती है और इसे कैसे सुलझाया जा सकता है। इस पर दूसरों से बातचीत करते समय हम यह मान लेते हैं कि वे भी इसके बारे में उतना ही जानते हैं, जितना कि हम जानते हैं, इसलिए हमारा कथन इस गलत धारणा पर आधारित होता है कि उनके पास वह व्यावहारिक ज्ञान है, जो दरअसल उनके पास नहीं होता। नतीजा यह होता है कि हम उन्हें पर्याप्त जानकारी नहीं देते हैं।

अपने नजरिये के बारे में जागरूक बनें : संवाद की एक और बाधा संदेश भेजने वाले और पाने वाले दोनों के नजरिये हैं। जो मैनेजर घमंडी होता है, वह दी जाने वाली जानकारी और निर्देशों में इस बात को उजागर कर देगा। वह स्टाफ के सदस्यों को छोटा या हीन समझेगा, जो उन्हें समझ में आ सकता है। इससे द्वेष उत्पन्न होता है, जो संवाद को अवरुद्ध कर देता है। संदेश को ग्रहण करने के लिए यह जरूरी है कि न सिर्फ श्रोता इसे समझ ले, बल्कि स्वीकार भी करे। जब द्वेष उत्पन्न हो जाता है, तो स्वीकृति संभव नहीं होती है।

जो कर्मचारी अपने लीडर के नजरिये से चिढ़ने में व्यस्त होता है, वह दरअसल उसकी कही बात "सुनता" ही नहीं है। स्टाफ के सदस्यों के साथ संप्रेषण करते समय अच्छे लीडर तानाकशी और "नीचे दिखाने वाली" हरकतों जैसे घमंड के सूचकों से बचते हैं।

पूर्व धारणाओं पर निगाह रखें : लोगों में वह सुनने की प्रवृत्ति होती है, जो सुनने की वे अपेक्षा रखते हैं। उन्होंने उस विषय पर पहले से जो बातें सुन रखी हैं, उनके आधार पर वे मिलने वाले संदेश को तोड़-मरोड़ लेते हैं। इसलिए अगर नई जानकारी अपेक्षा से भिन्न है, तो वे इसे गलत मानकर

खारिज कर सकते हैं। नए संदेश को सचमुच सुनने के बजाय हो सकता है कि वे अपने मन की पुरानी बातें सुन रहे हों।

इसका क्या मतलब है? लोगों को दिमाग खुला रखने का प्रशिक्षण देना चाहिए। जब कोई उन्हें नई जानकारी देता है, तो उन्हें उसे निष्पक्षता से सुनने और उसका मूल्यांकन करने का अतिरिक्त प्रयास करना चाहिए। उन्हें इसे सिर्फ इसलिए बाहर नहीं रोक देना चाहिए, क्योंकि यह उनकी पूर्व धारणाओं से भिन्न है।

दूसरों के साथ संवाद करते समय उनकी पूर्व धारणाओं का पता लगाने की कोशिश करें। यदि वे ऐसे लोग हैं, जिनके साथ हम नियमित रूप से काम करते हैं, तो हम शायद जानते हैं कि अनेक मुद्दों पर उनका कैसा दृष्टिकोण है। उनके सामने अपने दृष्टिकोण रखते वक्त इस ओर ध्यान दें कि इस बारे में उनके विश्वास क्या हैं। यदि उनके विश्वास हमारे विश्वासों से भिन्न हैं, तो उन बाधाओं को लाँघने की कोशिश करने को तैयार रहें।

पूर्वाग्रह-हमारे और उनके : किसी व्यक्ति के पक्ष में या उसके खलिफा हमारे पूर्वाग्रह इस बात पर असर डालते हैं कि हम उनके संदेशों को किस तरह से ग्रहण करते हैं। जिस व्यक्ति को हम पसंद करते हैं और उसका सम्मान करते हैं, उसके विचार हम ज्यादा गौर से सुनते हैं और हमारे द्वारा उसके विचार स्वीकार करने की उतनी ही ज्यादा संभावना होती है। इसके विपरीत, जिन लोगों को हम पसंद नहीं करते, हममें उनकी दी गई जानकारी को बाहर रखने और उनके विचारों को अस्वीकार करने की प्रवृत्ति होती है।

अनुभूति दरअसल ग्रहण करने वाले के मन में वास्तविक होती है। जब तक कि किसी स्थिति के बारे में हमारी और सामने वालों की अनुभूति सामंजस्य में न हो, तब तक हमारे बीच गलतफहमियों की काफी गुंजाइश रहती है।

पूर्वाग्रह हमेशा इस बात को भी प्रभावित करते हैं कि सामने वाले हमारी बात को कैसे ग्रहण करते हैं। जिस विषय पर लोगों की प्रबल भावना होती है, उसके बारे में विपरीत दृष्टिकोण सुनते ही लोग अपने कान बंद कर लेते हैं। कैरोल इसका अच्छा उदाहरण है। कंपनी कंट्रोलर की भूमिका में वह लागत कम करने पर आमादा रहती है। जिस बात से लागत बढ़ती हो, उसे

वह सुनना ही नहीं चाहती, चाहे दीर्घकालीन लाभ कितने भी हों। किसी मौलिक विचार पर उसे राजी करने के लिए हमें पहले उसे यह विश्वास दिलाना होगा कि हालाँकि लागत कुछ समय के लिए बढ़ सकती है, लेकिन आगे चलकर इससे लागत कम होगी।

कई लोग तो अपने पूर्वाग्रहों के बारे में चेतन ही नहीं होते हैं। यह विश्लेषण करने का समय निकालें कि हमने अतीत में कुछ निर्णय क्यों लिए हैं। क्या वे हमारे पूर्वाग्रहों से बहुत प्रभावित रहे हैं? ये छह कदम उठाएँ :

1. अपने पूर्वाग्रहों के बारे में जागरूक बनें।
2. पहचानें कि हम ये पूर्वाग्रह क्यों रखते हैं।
3. समान गुणों को स्वीकार करें।
4. अपने पूर्वाग्रहों को एक तरफ रख दें और दिमाग को खुला रखें।
5. दूसरे लोगों के विचारों पर निष्पक्षता से सोचने की कोशिश करें।
6. किसी नकारात्मक अनुभव की वजह से अपने पूर्वाग्रहों को दोबारा ताजा होने की अनुमति न दें।

अपनी भावनात्मक अवस्था के बारे में जागरूक बनें : हम सभी के बुरे दिन होते हैं। और ऐसे ही किसी बुरे दिन हमारा कोई सहयोगी किसी नए विचार के बारे में पूरी तरह रोमांचित होकर हमारे पास आता है। हम कैसे प्रतिक्रिया करते हैं? शायद हम सोचते हैं, “इस समय मेरे सिर पर पहले से ही काम का बहुत बोझ है, इसकी किसे जरूरत है?” हमारा दिमाग बंद होता है और संदेश दिमाग में पहुँचता ही नहीं है।

किसी संदेश को देते या पाते समय हमें न सिर्फ अपनी भावनात्मक अवस्था के बारे में जागरूक रहना चाहिए, बल्कि हमें अपने अधीनस्थ की भावनात्मक अवस्था के बारे में भी सोचना चाहिए। कोई महत्त्वपूर्ण प्रोजेक्ट आता है और हम इसके बारे में अपने स्टाफ के दो सदस्यों डैन और जोआन के पास बात करने जाते हैं। जोआन इस काम को लेकर उत्साही है; डैन संदेहवादी है। क्यों? डैन इसलिए चिढ़ा हुआ है, क्योंकि वह किसी दूसरे प्रोजेक्ट पर काम कर रहा है और उसी पर ध्यान केंद्रित करना चाहता है। वह महसूस करता है कि यह काम उसे सौंपने के बारे में हम विवेकशून्यता और विचारशून्यता का परिचय दे रहे हैं।

टब में कदम रखने से पहले हमें हमेशा पानी के तापमान की जाँच कर लेनी चाहिए। डैन और जोआन से उनके वर्तमान कामों के बारे में संक्षिप्त बातचीत से हमें पता चल सकता है कि डैन अपने वर्तमान प्रोजेक्ट में कितना समय लगा रहा है। नए काम को पेश करते वक्त यह जताएँ कि उसका वर्तमान काम महत्त्वपूर्ण है और हम उसकी प्रगति से खुश हैं। उसे दिखाएँ कि नए काम के लिए हमने उसे इसलिए चुना, क्योंकि इससे उसके वर्तमान काम में रुकावट नहीं आएगी, बल्कि यह उसके वर्तमान काम का पूरक बनेगा।

संवाद-मार्ग : वक्ता और श्रोता के बीच विकृति

संवाद में हस्तक्षेप और विकृति का एक बड़ा स्रोत वह मार्ग है, जिससे संदेश वक्ता से श्रोता तक पहुँचता है। कई बड़े संगठनों में संवाद निश्चित मार्गों से होकर ही गुजरता है। मार्ग जितने ज्यादा व्यापक होते हैं, संदेश के विकृत होने की उतनी ही ज्यादा आशंका रहती है। इसका उदाहरण लोकप्रिय पार्टी गेम है, जहाँ एक व्यक्ति कोई घटना अपने पड़ोसी को फुसफुसाकर बताता है, जो इसे अगले व्यक्ति के सामने दोहराता है और यह सिलसिला पूरे कमरे में चलता जाता है। जब तक वह कहानी मूल व्यक्ति को दोबारा बताई जाती है, कहानी पूरी तरह बदल जाती है।

यह असामान्य नहीं है कि "मार्गों द्वारा" मौखिक रूप से बताई जाने वाली जानकारी हर व्यक्ति के बाद विकृत हो जाए, जिससे अंतिम श्रोता तक पहुँचने वाला संदेश वही नहीं होता है, जो वक्ता ने भेजा था।

लिखित संवाद का इस्तेमाल करने से यह मुश्किल काफी कम हो सकती है। लिखी बातों का गलत मतलब निकालना ज्यादा मुश्किल होता है, हालाँकि अलग-अलग लोग लिखी गई बातों की भी अलग-अलग व्याख्या कर सकते हैं। लेकिन लिखने के कुछ नुकसान भी होते हैं : कई मसलों पर लिखित संवाद या तो नहीं किया जा सकता या नहीं करना चाहिए। लिखने में समय लगता है। तात्कालिक और अल्पकालीन रुचि वाले मसलों के बारे में लिखना उचित नहीं होता।

एक ज्यादा प्रभावी तरीका यह है कि प्रेषक से प्राप्तकर्ता यानी वक्ता से श्रोता तक के संवाद-मार्ग को छोटा किया जाए और व्यावहारिक होने

पर बीच की कड़ियों से बचना मुनासिब रहता है। रास्ते में कड़ियाँ जितनी कम होंगी, अर्थ में विकृति की उतनी ही कम आशंका रहेगी। बँधे-बँधाये संवाद-मार्गों का मुख्य कारण यह सुनिश्चित करना है कि किसी प्रोजेक्ट के लिए जिम्मेदार लोगों को इससे जुड़ी हर चीज की जानकारी रहे। इसमें समझदारी लगती है, लेकिन अक्सर इसकी अति कर दी जाती है। यदि किसी मसले में नीतिगत निर्णय या बड़ी गतिविधि के मुख्य क्षेत्र शामिल हैं, तो संवाद-मार्ग का अनुसरण करना महत्त्वपूर्ण होता है। लेकिन कंपनियों में ज्यादातर संप्रेषण सामान्य मसलों पर होता है। इनके लिए संवाद के लंबे मार्गों का इस्तेमाल न सिर्फ संदेश को विकृत कर सकता है, बल्कि इससे काम भी धीमा हो जाता है।

फीडबैक के प्रति खुले रहें : हमारी बाहरी छवि का प्रबंधन करने में शायद सबसे बड़ी चुनौती यह रहती है कि हम खुद को ठीक उसी तरह नहीं देख सकते, जिस तरह दूसरे हमें देखते हैं। शोध बताता है कि हम अपने बारे में दूसरों से ज्यादा आलोचनात्मक होते हैं। इसके अलावा हम अपने उन नकारात्मक व्यवहारों के बारे में पूरी तरह अनजान हो सकते हैं, जिन्हें सुधरने की जरूरत है।

अपनी बाहरी छवि की सटीक जानकारी पाने के कुछ तरीके ये हैं :

- मीटिंग में बोलते वक्त के अपने वीडियो देखना और सुनना
- आईने के सामने बोलकर रिहर्सल करना
- विश्वस्त सहकर्मियों से ईमानदार राय लेना
- श्रोताओं की प्रतिक्रिया पर गौर करना।

"कोच" रखना एक अच्छा विचार है, जो संवाद की समस्याओं को पहचानने में मदद करे और उनसे उबरने में हमारी मदद करे। इस क्षेत्र में पेशेवर भाषण कोच या डेल कारनेगी के "हाई-इम्पैक्ट प्रजेंटेशन्स" प्रोग्राम के व्यावहारिक सेमिनारों से मदद मिल सकती है।

काम सौंपें : अपने स्टाफ को काम सौंपना किसी मैनेजर या सुपरवाइजर के सबसे महत्त्वपूर्ण संवाद कार्यों में से एक है। अक्सर हम यह शिकायत सुनते हैं : "मैं यह नहीं समझ पाता कि मेरे कर्मचारी आदेशों का पालन क्यों नहीं कर पाते हैं। मैं उन्हें बिलकुल स्पष्ट निर्देश देता हूँ, फिर भी वे

उसे समझने में गलती कर देते हैं।"

अक्सर हमने कितनी बार यह बात कही है या दूसरे सुपरवाइजरों को अफसोस करते सुना है कि उनके कर्मचारी काम सही ढंग से नहीं कर सकते हैं। शायद इसका कारण यह नहीं है कि हमारे कर्मचारी अयोग्य हैं, बल्कि यह है कि हम काम उतने प्रभावी ढंग से नहीं सौंप रहे हैं, जितने प्रभावी ढंग से सौंपे जा सकते हैं।

असाइनमेंट की योजना बनाना : जैसा इस अध्याय की शुरुआत में बताया गया था, हमें अपने संदेश की योजना बनानी चाहिए। अक्सर सुपरवाइजर असाइनमेंट की तैयारी में समय नहीं लगाते हैं। वे जानते हैं कि क्या करना है और वे यह मान लेते हैं कि किसी कर्मचारी को इसे करने का आदेश देने से ही काम सही तरीके से हो जाएगा।

योजना इस स्पष्ट अवधारणा से शुरू होती है कि क्या हासिल होना चाहिए। भले ही हम वैसा काम पहले भी कई बार कर चुके हों, लेकिन एक बार फिर इस पर पूरी तरह सोच-विचार करना महत्त्वपूर्ण होता है। सोचें कि अधीनस्थ इसे किस तरह से देख सकता है। यदि हमारे सामने यह प्रोजेक्ट पहली बार आया होता, तो हमें क्या जानने की जरूरत होती? सूची बनाएँ कि हम कौन-से उद्देश्य हासिल करना चाहते हैं और इन्हें हासिल करने के लिए आवश्यक जानकारी, सामग्री, साधनों, समर्थन स्रोतों और काम को करने के लिए आवश्यक हर अन्य चीज को लिख लें।

योजना बनाने का एक बहुत अहम हिस्सा यह तय करना होता है कि वह काम किस कर्मचारी को सौंपें। लोगों का चयन करते समय इस बात पर गौर करना चाहिए कि काम कितना महत्त्वपूर्ण है। यदि काम को तेजी से और बहुत कम निगरानी के साथ कराना अनिवार्य हो, तो ऐसे लोगों को चुनें, जो पहले ऐसे काम में योग्य साबित हो चुके हैं। बहरहाल, यदि उस काम में हमारे पास मार्गदर्शन देने के लिए पर्याप्त समय है, तो इसे कम योग्य लोगों को सौंपने से फायदा हो सकता है, क्योंकि इस प्रोजेक्ट का इस्तेमाल करके आप अपने स्टाफ की योग्यता बढ़ा सकते हैं और उन्हें प्रशिक्षित कर सकते हैं।

असाइनमेंट पर संवाद करना : बारबरा निराश थी। उसने कैरोल को विस्तार से बताया था कि वह क्या कराना चाहती है और कैरोल ने उसे आश्वस्त किया था कि वह समझ गई है। अब एक सप्ताह बाद कैरोल ने जो काम करके दिया, वह बिलकुल गड़बड़ था। उसका बहाना : "मैंने सोचा था, आप यही चाहती हैं।"

नॉर्मन परेशान था। उसके बॉस ने उसे ऐसी डेडलाइन दी थी, जिसे पूरा करना उसके हिसाब से असंभव था। नॉर्मन के मन में ये बातें थीं, "वे समझते ही नहीं हैं। मैं इतने कम समय में इतना ज्यादा काम कर ही नहीं सकता। मैं जो कर सकता हूँ, वह सब करूँगा, लेकिन मैं जानता हूँ कि मैं कामयाब नहीं हो सकता।" ।

जैसा इस अध्याय में पहले बताया गया है, सुपरवाइजर को यह सुनिश्चित कर लेना चाहिए कि कर्मचारी निर्देश को पूरी तरह समझ गया है और उसने उसे स्वीकार कर लिया है।

कार्य-योजना तैयार करें : जिन प्रोजेक्टों में काफी समय लगने की उम्मीद हो, उन्हें शुरू करने से पहले अधीनस्थ से कार्य-योजना तैयार करने को कहें। इसमें यह स्पष्ट होना चाहिए कि क्या करना है, इसे कब तक करना है और इसमें किसके समर्थन की जरूरत हो सकती है।

रीटा को यह काम सौंपा गया था कि वह एक मीटिंग में पूरे देश से शिकागो आ रहे बीस सेल्स कर्मियों की यात्रा का इंतजाम करे। काम शुरू करने से पहले उसने कार्य-योजना लिखी, जिसमें उसने इससे जुड़े हर पहलू पर विचार किया, जिनमें सेल्स कर्मियों को जानकारी देना, हवाई यात्रा और होटल के रिजर्वेशन कराना और सभी लोगों तक टिकट समय रहते पहुँचाना शामिल था। योजना में समयसारणी भी थी कि हर चरण कब शुरू और पूरा होगा और उसे हर चरण में किस-किस का सहयोग चाहिए होगा। काम शुरू करने से पहले अपने बॉस के साथ विचार-विमर्श करने का नतीजा यह हुआ कि किसी भी तरह की गलतफहमियाँ और संभावित समस्याएँ उत्पन्न नहीं हुईं।

गौर करें कि रीटा ने अपनी कार्य-योजना लिखी थी। इसका यह फायदा था कि वह और उसके बॉस दोनों ही किसी भी समय जाँच करके यह देख

सकते थे कि योजना का क्रियान्वयन ठीक से हो रहा है या नहीं। इसका यह फायदा भी था कि उत्पन्न होते ही समस्याओं को तुरंत पकड़ा जा सकता था।

जाँच करना : चाहे किसी काम की योजना कितनी ही अच्छी तरह बनाई गई हो, यह सुपरवाइजर का दायित्व है कि वह समय-समय पर जाँच करके यह सुनिश्चित करे कि काम योजना के अनुसार हो रहा है।

ऐलन का मानना है कि अगर वह ज्यादा बार जाँच करेगा, तो उसके कर्मचारी सोचेंगे कि उसे उन पर भरोसा नहीं है। "मैं चाहता हूँ कि मेरे कर्मचारी सच्चे सहभागी बनें। एक बार जब मैं उनकी कार्य-योजना से सहमत हो जाता है. तो मैं मानकर चलता है कि वे इसके अनुरूप काम करेंगे। अगर मैं उनकी जाँच करने लगें, तो वह छवि ध्वस्त हो जाएगी, जो मैं बनाने की कोशिश कर रहा हूँ।"

ऐलन की बात में कुछ दम है, लेकिन इसके बावजूद उसके विभाग की सफलता के लिए अंततः वही जिम्मेदार है और यदि सौंपे गए काम सही तरीके से पूरे नहीं होते हैं, तो इससे उसकी योग्यता पर प्रश्न चिन्ह लगेगा। सौंपे गए काम सही तरीके से पूरे हो जाएँ, यह सुनिश्चित करने के लिए हमें जाँच करते रहना चाहिए। ध्यान रहे, जाँच इस तरह करें, ताकि कर्मचारियों को ऐसा न लगे कि हमें उन पर भरोसा नहीं है।

ऐलन के प्रबंधन दर्शन की कुंजी है सहभागिता। इसलिए जाँच सहभागी अंदाज में करनी चाहिए। ऐलन के लिए यह उचित नहीं था कि वह अपने कर्मचारियों की पीठ के पीछे से झाँके या अप्रत्याशित जाँच करके उन्हें हैरान करे। इसके बजाय होना यह चाहिए था कि जाँच को कार्य-योजना में ही शामिल करना चाहिए था। जब कर्मचारी योजना बनाता है, तभी जाँच बिंद भी प्रोजेक्ट में शामिल होने चाहिए। जैसे ही प्रोजेक्ट का कोई चरण पूरा होता है, कर्मचारी ऐलन से काम की प्रगति पर बातचीत करेगा। उसे अपने काम की समालोचना करने और नई चीजों को भी उस काम में शामिल करने के लिए प्रोत्साहित करना चाहिए। जाहिर है, ऐलन भी उचित टिप्पणियाँ करेगा और सुझाव देगा। इस तरह जाँच सहभागी नीति का हिस्सा बन जाती है और अधीनस्थ के लिए प्रेरणा का काम करती है, ताकि वह सौंपे गए काम की चुनौती पूरी करने में ज्यादा सफल हो।

कूटनीति और चतुराई का इस्तेमाल करना : हमारे संवाद के तरीके से सकारात्मक या नकारात्मक भाव उत्पन्न हो सकते हैं। यदि हम सम्मान या संवेदनशीलता के बिना आक्रामक शैली में संवाद करते हैं, तो दूसरों की रक्षात्मक और क्रोधित भावनाएँ उन्हें वह संदेश सुनने से रोक सकती हैं, जो हम पहुँचाने की कोशिश कर रहे हैं। कूटनीति और चतुराई से संवाद करना एक ऐसी नीति है, जो शक्ति और संवेदनशीलता को मिला देती है तथा भावनाओं को दूर रखती है। जब हम कूटनीति और चतुराई के साथ काम करते हैं, तो हम सामने वाले को सहज बनाने के लिए उसके हिसाब से अपनी शैली ढाल लेते हैं।

ज्यादातर लोगों में संवाद की अपनी मनपसंद शैली का अनुसरण करने की प्रवृत्ति होती है। संवाद शैलियों पर शोध के हिसाब से आम तौर पर पाँच श्रेणियाँ या शैलियाँ होती हैं :

- **दोस्ताना शैली :** ये लोग अनौपचारिक, स्नेही, संबंध केंद्रित, मददगार और गर्मजोशी भरे होते हैं। वे बहस करना पसंद नहीं करते और वे सकारात्मक फीडबैक की तलाश करते हैं।
- **विश्लेषणात्मक शैली :** ये लोग औपचारिक, व्यवस्थित और सुनियोजित होते हैं। वे आँकड़ों और विवरणों से प्रभावित होते हैं। वे प्रमाण को गौर से देखते हैं और जिन समस्याओं पर बात हो रही है, उनके जवाब और समाधान खोजने के लिए इन सारी चीजों का इस्तेमाल करते हैं।
- **रोमांचित शैली :** ये लोग प्रदर्शनात्मक और अभिव्यक्ति-केंद्रित होते हैं। ये अपनी बात रखते समय मुद्राओं का इस्तेमाल करने के आदी होते हैं। विवरणों के बजाय ये बड़ी तसवीर से ज्यादा सरोकार रखते हैं। इनकी मुख्य चिंता यह होती है कि इसमें उनके लिए क्या है।
- **व्यावहारिक शैली :** ये लोग लक्ष्य-केंद्रित होते हैं और उद्देश्य हासिल करने पर केंद्रित होते हैं। भले ही इनकी प्रबल राय और दृष्टिकोण हों, लेकिन ये सामने रखे गए दूसरे विकल्पों पर विचार करने को तैयार रहते हैं।
- **कूटनीतिक और चतुर संवाद की शैली वाले :** सामने वाले की

शैली के हिसाब से उससे घनिष्ठता स्थापित कर लेते हैं। वे उतना समय बिताते हैं, जो दूसरे व्यक्ति के लिए सुविधाजनक हो। जिस व्यक्ति से वे बात कर रहे होते हैं, उसकी शैली के हिसाब से उपयुक्त गति और भाषा का इस्तेमाल करते हैं। सामने वाले व्यक्ति की संवाद शैली के आधार पर समय को लेकर सचेत रहते हैं।

कर्मचारियों का विश्वास अर्जित करना : संवादकुशल बनने के लिए हमें उन लोगों का विश्वास और सम्मान हासिल करना चाहिए, जिनके साथ हम जुड़े हुए हैं। इसे अर्जित करने के लिए हमें यह करना चाहिए :

दूसरों की रुचियों में मन लगाएँ, प्रश्न पूछे, यह पता लगाएँ कि वे किस चीज से प्रोत्साहित होते हैं, और सीखने व विकास करने में उनकी मदद करें। आँख-कान और हृदय से संजीदगी से सुनें; पूर्वाग्रह व मूल्यांकन न रखें।

राय की भिन्नताओं, पूर्वाग्रहों और विविधताओं के बावजूद सामने वाले में गुण खोजें व उनका सम्मान करें। निर्णयों में दूसरों को शामिल करें, खुला और स्वीकार करने वाला नजरिया प्रदर्शित करें तथा नए विचारों के प्रति अपनी मानसिकता खुली रखें। सौदेबाजी और समझौता करने की इच्छा रखें और अलग-अलग दृष्टिकोण वाले लोगों के बीच मध्यस्थ बनें।

बोलने से पहले सोचें। अपने शब्द और कार्य चुनते वक्त श्रोताओं, संबंध और परिवेश पर विचार करें। सबको शामिल करने वाली भाषा का इस्तेमाल करें और कूटनीति, चतुराई व संवेदनशीलता का सहारा लें।

विश्वास से, निर्णयात्मक अंदाज में और अधिकार के साथ बोलें तथा राय व्यक्त करते समय प्रमाण पेश करें। अपने अटल विश्वासों और आदर्शों की रक्षा करें। विनम्र विशेषज्ञ बनें और दूसरों की विशेषज्ञता को स्वीकार करने के लिए तैयार रहें।

विश्वसनीय बनें, दूसरों की गोपनीय बातें उजागर न करें, वादे पूरे करें और अपने शब्दों के अनुरूप काम करें। मनोदशा के उतार-चढ़ाव से बचें। एक जैसे अंदाज में, तार्किक अंदाज में, पक्षपातरहित, ईमानदार और नैतिक तरीके से काम करें। आदर्श रोल मॉडल बनें, पेशेवर अंदाज में काम करें और हमेशा अपने वादे के मुताबिक काम करें।

10.

विश्वास और दृढ़ता से बात करें

क्या जरा-सा भी कारण है कि आप बैठकर जितनी अच्छी तरह सोच सकते हैं, किसी श्रोतासमूह के सामने खड़े होकर उतनी अच्छी तरह नहीं सोच सकते? क्या जरा-सा भी कारण है कि जब आप उठकर श्रोताओं को संबोधित करते हैं, तो आपके पेट में अजीब गुदगुदी होने लगती है और आप "कँपकँपी" के शिकार हो जाते हैं। निश्चित रूप से आपको अहसास होता है कि इस परिस्थिति का इलाज किया जा सकता है। प्रशिक्षण और अभ्यास आपके मन से श्रोताओं के सामने बोलने का डर दूर कर देगा तथा आपको आत्मविश्वास देगा।

तैयारी - सफल व्याख्यानों का पहला कदम

सार्वजनिक व्याख्यान देने के लिए अच्छी तैयारी अनिवार्य है। यह का. रोबारी स्थिति में कैसे किया जाए, इस पर अगले अध्याय में बातचीत की जाएगी। बहरहाल, अगर हमसे अपने बेटे या बेटी की क्लास में, किसी सामाजिक संगठन की सभा में या किसी अन्य समूह के सामने बोलने को कहा जाए और हमें कोई विषय चुनना हो, तो सर्वश्रेष्ठ विकल्प किसी ऐसी चीज के बारे में बात करना है, जिसे हम जानते हैं और काफी अच्छी तरह जानते हैं। किसी व्याख्यान की तैयारी में दस मिनट या दस घंटे न लगाएँ : दस सप्ताह या दस महीने लगाएँ - इससे भी बेहतर है, दस साल लगाएँ।

किसी ऐसी चीज के बारे में बोलें, जिसमें हमारी गहरी रुचि है। किसी ऐसी चीज के बारे में बोलें, जिसे अपने श्रोताओं तक पहुँचाने की हमारी गहरी इच्छा है।

डेल कारनेगी अपनी क्लास की एक सदस्य गे के से जुड़ी एक कहानी बताते हैं। गे जब तक कारनेगी के सार्वजनिक संभाषण कोर्स में नहीं आई

थी, तब तक उसने लोगों के सामने कभी व्याख्यान नहीं दिया था।

वह दहशत में थी। उसे डर लग रहा था कि सबके सामने बोलना एक जटिल कला है. जिसमें माहिर होना उसके बूते की बात नहीं है। लेकिन कोर्स के चौथे सत्र में ही उसने बिना तैयारी के एक व्याख्यान देकर श्रोताओं को मंत्रमुग्ध कर लिया। उससे कहा गया कि वह "मेरे जीवन का सबसे बड़ा अफसोस" विषय पर बोले। गे ने बहुत ही मर्मस्पर्शी व्याख्यान दिया। श्रोताओं की आँखें भर आई थीं। यहाँ तक कि कारनेगी की आँखें भी डबडबा आईं। उसकी चर्चा इस तरह थी :

"मेरे जीवन का सबसे बड़ा अफसोस यह है कि मुझे कभी पता नहीं चला कि माँ का प्यार क्या होता है। जब मैं सिर्फ एक साल की थी, तभी मेरी माँ का देहांत हो गया। मुझे चाचियों और दूसरे रिश्तेदारों ने पाला, जो अपने खुद के बच्चे पालने में इतनी तल्लीन रहती थीं कि उनके पास मेरे लिए वक्त ही नहीं था। मैं उनमें से किसी के यहाँ भी ज्यादा समय नहीं रुकी। वे लोग हमेशा मुझे आते देखकर दु:खी होते थे और जाते देखकर खुश होते थे। उन्होंने मुझमें कभी रुचि नहीं ली और मुझे कभी प्रेम नहीं किया। मैं जानती थी कि मुझे कोई नहीं चाहता। बचपन में भी मैं इसे महसूस कर सकती थी। अकेलेपन की वजह से मैं अक्सर रोते-रोते सोती थी। मेरे दिल का सबसे बड़ा अरमान यह था कि कोई स्कूल में मेरा रिपोर्ट कार्ड देखने आए। लेकिन किसी ने भी ऐसा नहीं किया। किसी को परवाह ही नहीं थी। मैं बचपन में बस प्रेम चाहती थी - और यह मुझे किसी से भी, कभी नहीं मिला।"

क्या गे ने इस व्याख्यान की तैयारी में दस साल लगाए थे? नहीं। उसने बीस साल लगाए थे। वह उस व्याख्यान देने की तैयारी तब से कर रही थी, जब वह बचपन में रोते-रोते सोती थी। वह इसकी तैयारी तब से कर रही थी, जब स्कूल में उसका रिपोर्ट कार्ड देखने के लिए किसी के न आने से उसका दिल दु:ख जाता था। कोई हैरानी नहीं कि वह इस विषय पर बात कर सकती थी। वह अपने मन से बचपन की यादों को मिटा नहीं सकती थी। गे को अपने दिल की गहराई में रची-बसी दु:खद यादों और भावनाओं के भंडार तक पहुँचने की जरूरत थी। उसे उन्हें उभारने की जरूरत नहीं

थी। उसे उस व्याख्यान पर मेहनत करने की जरूरत नहीं थी। उसे तो बस यह जरूरत थी कि वह अपनी दबी हुई भावनाओं और यादों को सतह तक उसी तरह आने दे, जिस तरह तेल किसी कुएँ से आता है।

अपरिचित विषय पर व्याख्यान तैयार करना

हमसे किसी ऐसे विषय पर बोलने को कहा जा सकता है, जिसके बारे में हमें बहुत कम अनुभव है या बिलकुल भी नहीं है। यह अक्सर कारोबारी प्रस्तुति के मामले में होता है। इनमें से ज्यादातर प्रस्तुतियों का उद्देश्य किसी से कोई काम कराना होता है - किसी ग्राहक से खरीदारी का वादा लेना, किसी लंबे प्रोजेक्ट के बीच में अगला कदम बताना, दिशा बदलने का निर्णय लेना - जो आम प्रस्तुतियों के उदाहरण हैं।

इसकी तैयारी करते वक्त अंत में जो काम हम अपने श्रोताओं से चाहते हैं, उसको दिमाग में रखकर शुरुआत करें और उस बिंदु से उलटे लौटते हुए काम करें। प्रस्तुति तैयार करते वक्त हम ऐसा उदाहरण/घटना खोजते हैं, जो ध्यान आकर्षित करे और हमारा मनचाहा काम कराने की दिशा में प्रेरित करे। किसी घटना को चित्रात्मक बनाकर हम दूसरों के व्यवहार को प्रभावित कर सकते हैं। यह वह प्रमाण होगा, जो श्रोताओं को विश्वास दिलाएगा कि उन्हें वह काम करना चाहिए। उदाहरण बताते समय हमें अपने अनुभव को इस तरह बताना चाहिए, ताकि श्रोताओं पर वैसा ही प्रभाव पड़े, जैसा हम पर पड़ा था। इससे हमारे बिंदु स्पष्ट हो जाएँगे, गहरे बन जाएँगे और नाटकीय बन जाएँगे। वे हमारे श्रोताओं के लिए रोचक और मोहक भी बन जाएँगे।

फिर हमें शोध करके ज्यादा से ज्यादा जानकारी हासिल करनी चाहिए। अच्छी प्रस्तुति देने के लिए हमारे पास व्याख्यान में लगने वाली सामग्री से दस गुना ज्यादा जानकारी होनी चाहिए। अपने बिंदुओं के समर्थन में प्रमाण पेश करें। प्रमाण के प्रभावी इस्तेमाल पर अध्याय 6 में चर्चा की जाएगी।

अंत में, समापन की तैयारी करें। प्रस्तुति का अंत श्रोताओं को कर्म के लिए प्रोत्साहित करने के सर्वश्रेष्ठ तरीकों में से एक है। हम देखेंगे कि श्रोताओं के फायदे गिनाकर अपनी प्रस्तुति खत्म करने से लाभकारी परिणाम मिलते हैं।

शक्तिशाली व्याख्यानों का जादुई फॉर्मूला

हम एक सरल और आसानी से अमल करने वाली तीन कदमों की नीति का इस्तेमाल करके भटकाव भरे, असंबद्ध व नीरस व्याख्यानों से बच सकते हैं। यह जादुई ढंग से हमारी प्रस्तुति को जोशीले और शक्तिशाली व्याख्यान में बदल देती है।

जादुई फॉर्मूले में तीन कदम शामिल हैं :

घटना : उस बिंदु के बारे में किसी घटना या प्रसंग को बताना, जिसे हम रखना चाहते हैं। यह श्रोताओं का ध्यान आकर्षित करने और कायम रखने का अचूक तरीका है।

कर्म : फिर बताएँ कि हम अपने श्रोताओं से कौन-सा काम कराना चाहते हैं।

लाभ : अंत में यह बताएँ कि इस काम से श्रोताओं को कैसे लाभ होगा।

यदि हम दूसरों को राजी करना चाहते हैं, तो हमें खुद सजग और सजीव होना चाहिए। हमें ईमानदारी और उत्साह के साथ बोलना चाहिए। हमें इस तरह बोलना चाहिए, ताकि हमारे श्रोता यह महसूस करें कि हम अपने कहे हर शब्द पर विश्वास करते हैं।

घटना : अपनी रिपोर्ट हमेशा घटना से शुरू करें। क्यों? घटना हमारे श्रोताओं का ध्यान तुरंत खींच लेती है और यह हमारे संवाद को अधिक बातचीत जैसा बना देती है।

जादुई फॉर्मूले का इस्तेमाल करते समय यह सुनिश्चित करें कि हमारे कार्य और लाभ कदम दोनों ही संक्षिप्त, स्पष्ट और विशिष्ट हों। यह घटना किसी ऐसे अनुभव पर आधारित होती है, जिसने हमें एक सबक सिखाया। याद रखें, हमारे बिंदु को यह बताना चाहिए कि हम अपने श्रोताओं से कौन-सा कर्म कराना चाहते हैं। कार्य कदम जितना विशिष्ट होता है, उतना ही बेहतर होता है। स्पष्टता से संवाद करने के लिए एक विशिष्ट कार्य और एक विशिष्ट लाभ को पहचानें।

कर्म : जादुई फॉर्मूले के दूसरे कदम कर्म का मतलब है कि हम अपने

श्रोताओं से क्या कराना चाहते हैं। यह हमारा प्रॉडक्ट खरीदना, सांसद को पत्र लिखना, धूम्रपान छोड़ना या विषय के बारे में ज्यादा सोचना हो सकता है। आप जितने समय तक संदेश देंगे, तैयारी में उससे कम से कम तीन गुना ज्यादा समय लगाएँ।

लाभ : जादुई फॉर्मूले के तीसरे कदम लाभ में यह बताया जाता है कि श्रोताओं को आपका बताया काम करने से कौन-से लाभ मिलेंगे।

मिसाल के तौर पर, "इस घटक का इस्तेमाल करने पर आपके (प्रॉडक्ट का नाम) के उत्पादन में लगने वाले समय और लागत दोनों में कमी हो जाएगी।"

"धूम्रपान छोड़ने से न सिर्फ हम ज्यादा स्वस्थ होंगे और ज्यादा जिएँगे, बल्कि इससे हमारे परिवार भी सेकेंड हैंड धूम्रपान के दुष्प्रभावों से बचेंगे।"

श्रोता के दृष्टिकोण से बोलें : परिवर्तन करने के लिए दूसरों को प्रेरित करने की हमारी योग्यता काफी हद तक अपने श्रोताओं के दृष्टिकोण से बोलने की योग्यता पर निर्भर करती है। प्रस्तुति की शुरुआत में ही हमें अपने श्रोताओं का विश्वास हासिल करना चाहिए। सकारात्मक ध्यान पाने और परिवर्तन की आवश्यकता स्थापित करने का काम जल्दी ही कर लेना चाहिए। कोई घटना बताना इसका प्रभावी तरीका है। विश्वास दिलाने के लिए उन्हें वह प्रमाण दिखाएँ, जो उनके दृष्टिकोण से परिवर्तन की आवश्यकता का समर्थन करता हो। श्रोताओं को यह महसूस नहीं होना चाहिए कि परिवर्तन उन पर थोपा जा रहा है- उन्हें परिवर्तन को तार्किक विकल्प मानना चाहिए।

परिवर्तन की आवश्यकता स्थापित करने के बाद हम हर विकल्प के लाभ-हानि बताते हैं। हमें यह सुनिश्चित करना चाहिए कि विकल्पों पर हमारे श्रोताओं के दृष्टिकोण से विचार किया जाए और उन्हें विश्वसनीय तथा संतुलित अंदाज में पेश किया जाए।

हम अंत में प्रमाण के साथ सर्वश्रेष्ठ विकल्प का समर्थन करते हुए बताते हैं कि उन्हें कौन-सा काम करना है और इससे उन्हें क्या लाभ होगा। इस तरह हम अपने श्रोताओं को विशिष्ट परिवर्तन को स्वीकार करने के लिए प्रेरित करते हैं, जिससे वांछित परिणाम मिलेगा।

व्याख्यानों की तैयारी और प्रस्तुति कैसे करें

ये आठ सिद्धांत व्याख्यान तैयार करने में बहुत मदद करेंगे :

1. हम जो रोचक चीजें बताना चाहते हैं, उनके संक्षिप्त नोट्स लिखें।
2. व्याख्यान पूरा न लिखें। ऐसा करने पर हम बातचीत की सरल भाषा के बजाय लिखित भाषा का इस्तेमाल करेंगे। बोलते समय शायद हम अपने लिखे व्याख्यान को याद करने की कोशिश भी कर सकते हैं। इससे हम सहज और प्रभावशाली अंदाज में अपनी बात नहीं रख पाएँगे।
3. कभी किसी व्याख्यान को शब्द दर शब्द याद न करें। यदि हम किसी व्याख्यान को रटते हैं, तो यह तय है कि हम इसे बीच में कहीं पर भूल जाएँगे और श्रोता शायद इस बात से खुश होंगे, क्योंकि कोई भी रटारटाया भाषण नहीं सुनना चाहता। भले ही हम इसे न भूलें, लेकिन यह बात सबको समझ में आ जाएगी कि इसे रटा गया है। हमारी आँखों में दूरी का भाव होगा और हमारी आवाज में भी दूरी का पुट होगा।
4. यदि हमें यह डर सता रहा है कि कोई लंबा व्याख्यान देते समय हम अपने महत्त्वपूर्ण बिंदु भूल जाएँगे, तो कुछ संक्षिप्त नोट्स लिख लें और कभी-कभार उन पर निगाह डालते रहें।
5. अपने व्याख्यान को उदाहरणों और दृष्टांतों से भर लें। किसी बातचीत को रोचक बनाने का सबसे आसान तरीका इसे उदाहरणों से भरना होता है।
6. बिंदुओं को चित्रात्मक ढंग से स्पष्ट करने के लिए कहानियाँ और रोचक प्रसंग बताएँ। बताएँ कि हमने या हमारे किसी परिचित ने उसे कैसे आजमाया। विशिष्ट उदाहरण दें कि हमने उस विषय पर शोध से क्या सीखा।
7. विषय के विशेषज्ञ बनें। अतिरिक्त शक्ति नामक बेशकीमती संपत्ति विकसित करें। व्याख्यान में विषय संबंधी जितनी जानकारी दे रहे हों, उससे दस गुना ज्यादा जानकारी रखें।
8. दोस्तों से चर्चा करके व्याख्यान की रिहर्सल करें - पूरी रिहर्सल

जरूरी नहीं है, बस व्याख्यान के दृष्टिकोण और मुख्य बिंदुओं को आजमाकर देखें, ताकि उनकी प्रतिक्रिया मिल सके। इससे हमें इस बात का पता चल जाता है कि हमारे हँसी-मजाक या चुटकुलों पर श्रोता कैसे प्रतिक्रिया करेंगे और वे किन टिप्पणियों में रुचि लेंगे। स्पष्ट रूप से आईने के सामने खड़े होकर व्याख्यान की रिहर्सल करने से हमें ऐसी प्रतिक्रिया नहीं मिल सकती।

घटना की शक्ति बढ़ाएँ : प्रभावी संवाद के लिए हमें सिर्फ अपनी आवाज का ही इस्तेमाल नहीं करना चाहिए। हमें शारीरिक जीवंतता या मुद्राओं का भी इस्तेमाल करना चाहिए। दूसरे शब्दों में, अपने पूरे शरीर का इस्तेमाल करें। नैसर्गिक, शक्तिशाली और स्वाभाविक मुद्राएँ दो कारणों से बेहद शक्तिशाली होती हैं:

- मुद्राएँ वक्ता को उद्दीप्त और प्रेरित करती हैं। मुद्राएँ हमें जगाती हैं, मुक्त करती हैं और तनावरहित करती हैं। मुद्राओं का इस्तेमाल हम शारीरिक, मानसिक और भावनात्मक रूप से प्रेरित होते हैं।
- मुद्राएँ श्रोताओं पर भी प्रभाव डालती हैं। श्रोताओं पर मुद्राओं का स्पष्ट भावनात्मक प्रभाव पड़ता है और कई बार नाटकीय भी। संसार के कुछ सबसे महान वक्ताओं के बारे में सोचें। लगभग हर मामले में सहज, स्वाभाविक मुद्राओं के इस्तेमाल से वक्ता और उसके संदेश का प्रभाव बढ़ जाता है।

किसी श्रोतासमूह के सामने अपनी बॉडी लैंग्वेज के बारे में सतर्क रहें।

- हाथ-पैर बाँधकर न खड़े हों।
- अपने शरीर के सामने पर्स, कागज या कॉफी कप जैसा कोई अव. रोध न रखें।
- पैर चौड़े खोलकर न खड़े हों।
- शरीर के सामने या बगल में हाथ न बाँधे।
- सिर नीचे रखकर लेक्चर स्टैंड की तरफ न देखें (लिखे पन्ने पढ़ना) ।
- सिर सीधा, ठुड्डी ऊपर और सीना बाहर रखें।
- कंधे पीछे रखें।

- समूह के साथ आँखों का संपर्क रखें।
- उचित रूप से मुस्कराएँ।

बेहतर अभिव्यक्ति के पाँच कदम : कुछ लोगों के मामले में खराब अभिव्यक्ति उनकी भाषा के प्रभाव को घटा देती है – और अक्सर हममें से कई यह जानते ही नहीं हैं कि हमारी आवाज दूसरों को कैसी सुनाई देती है। हम खुद की बातें उस तरह से नहीं सुन पाते हैं, जिस तरह दूसरे सुनते हैं। जैसा फोन संबंधी बातचीत में बताया गया था, सिर्फ अपनी भाषा की अच्छी रिकॉर्डिंग सुनकर ही हम यह बात सचमुच समझ सकते हैं कि हमारी आवाज दूसरों को कैसी सुनाई देती है। लेकिन अगर हम पत्रिका के कई पैरे पढ़कर रिकॉर्ड करें, तो यह असली नहीं होगी। हमें अपनी आवाज इस तरह टेप करनी चाहिए कि हमें इसके रिकॉर्ड होने का अहसास ही न रहे। एक आसान तरीका यह है कि आवाज से सक्रिय होने वाला टेप रिकॉर्डर अपनी डेस्क पर दिन भर रखें। उस दिन हम जो भी बोलते हैं, वह सब रिकॉर्ड हो जाएगा, चाहे हम आमने-सामने बात कर रहे हों या फोन पर कर रहे हों। फिर रिकॉर्डिंग को सुनने से हमें पता चल जाएगा कि हमारे साथ भाषा संबंधी समस्याएँ हैं या नहीं।

अभिव्यक्ति को बेहतर बनाएँ : डैनी एक सुपरवाइजर है। कर्मचारियों को आदेश या निर्देश देते समय वह बुदबुदाता है। उसके शब्द अस्पष्ट होते हैं और यह समझना मुश्किल होता है कि वह क्या कह रहा है। लेकिन उसके कर्मचारी उसे यह बताने में झिझकते हैं कि वह बुदबुदा रहा है, इसलिए वे उसकी बातों का अंदाजा लगाते हैं – और अक्सर गलत अंदाजा लगा लेते हैं। इस वजह से गलतियाँ होती हैं, डेडलाइन तक काम पूरा नहीं हो पाता है और कई अन्य समस्याएँ भी उत्पन्न होती हैं।

कैरी बहुत प्रतिभाशाली है। वह बहुत तेजी से सोचती है और बहुत तेजी से बोलती भी है, क्योंकि वह अपने विचारों के साथ चलने की कोशिश करती है। दुर्भाग्य से उसके श्रोता उसकी बराबरी नहीं कर पाते और उसकी कही बहुत-सी बातें चूक जाते हैं।

डैरिल की कहानी इसके ठीक विपरीत है। वह बहुत धीमे बोलता है।

उसकी बातें समझना तो आसान होता है, लेकिन उसके श्रोता अक्सर कूदकर आगे पहुँच जाते हैं और अनुमान लगाने लगते हैं कि वह क्या कहने वाला है – अक्सर गलत अनुमान।

टेरी, मैरी और जेरी अपनी भाषा में अतिरिक्त ध्वनियाँ, शब्द या वाक्यांश जोड़ देते हैं। टेरी हर शब्द में "अर" जोड़ देता है; मैरी हर वाक्य के बाद "आप जानते हैं" बोलती है और जेरी हर वाक्य के बाद कहता है, "ठीक है!" हम ध्यान भटकाने वाली ऐसी ध्वनियों या अभिव्यक्तियों को "तकियाकलाम" कहते हैं।

ये अभिव्यक्ति की सबसे बड़ी समस्याएँ हैं, जो बहुत आम हैं। दिलचस्प बात यह है कि इन समस्याओं से ग्रस्त ज्यादातर लोगों को तो यह अहसास भी नहीं होता कि उनके साथ ये समस्याएँ हैं। अपनी आवाज की रिकॉर्डिंग सुनने के बाद ही उन्हें यह समझ आता है कि वे बुदबुदा रहे हैं, बहुत तेज या धीमे बोल रहे हैं या अपने वाक्यों में अर्थहीन ध्वनियाँ, शब्द या वाक्यांश जोड़ रहे हैं।

इन समस्याओं को सुधारने के लिए बस जागरूकता की जरूरत है। हम जो बोलते हैं, उसे टेप करके सुनने से ही ये दूर हो जाएँगी। जब लोग जागरूक हो जाते हैं कि वे बुदबुदाते हैं, तो वे बुदबुदाना छोड़ने की कोशिश करेंगे। जब किसी को यह पता चल जाता है कि उसका बोला गया हर पाँचवाँ शब्द "आप जानते हैं" का वाक्यांश होता है, तो वह "आप जानते हैं" बोलना छोड़ देगा।

भाषा के दोषों से उबरना : यदि किसी में हकलाहट जैसा गंभीर भाषाई दोष है, तो वह संभवतः ऐसी स्थितियों से बचेगा, जिनमें बहुत मौखिक संवाद की जरूरत हो। बहरहाल, हाल के वर्षों में ऐसे लोगों की मदद के लिए बहुत कुछ सीखा गया है।

सीनेटर जॉन ग्लेन की पत्नी एन ग्लेन एक मशहूर उदाहरण हैं। वे हकलाने की गंभीर समस्या से उबरें और अपने पति के चुनाव अभियान में उन्होंने सक्रियता से भाषण दिए।

इवान रूस से आकर अमेरिका में बस गया था, हालाँकि उसने रूस में अंग्रेजी सीखी थी, लेकिन अमेरिकियों के लिए उसका उच्चारण समझना

बहुत मुश्किल था। इंजीनियर होने के बावजूद भाषा की इस समस्या के कारण वह अपने करियर में तरक्की नहीं कर पा रहा था। करियर परामर्शदाता के सुझाव पर उसने भाषा थेरेपिस्ट की मदद ली। एक साल में ही इवान की भाषा इतनी ज्यादा सुधर गई कि उसे प्रमोशन देकर प्रबंधक बना दिया गया, जहाँ उसे कंपनी के भीतर और बाहर दोनों जगह अधिकारियों से संवाद करना होता था।

भाषा थेरेपी ज्यादातर विश्वविद्यालयों में उपलब्ध है। यह सभी तरह के भाषाई दोषों या विदेशी उच्चारण के मामले में बहुत सहायक हो सकती है।

लहजा अत्यंत महत्त्वपूर्ण है : क्लॉड एक सुर में बोलता है। क्लॉड जो कह रहा है, उसे समझना मुश्किल नहीं होता। उसका उच्चारण बहुत अच्छा है। इसके बावजूद क्लॉड की बात पर ध्यान केंद्रित रखना मुश्किल होता है, क्योंकि वह अपनी आवाज में स्वराघात और स्वर-परिवर्तन का इस्तेमाल नहीं करता है। जो लोग एक ही सुर में बोलते हैं, वे अपने श्रोताओं की रुचि जाग्रत नहीं कर पाते हैं। दूसरी भाषाई समस्याओं की तरह ही इस समस्या से ग्रस्त लोगों को भी यह अहसास नहीं होता है कि वे एक सुर में बोलते हैं। अपनी बातें टेप करके सुनने से उन्हें यह बात पता चल जाती है और जागरूक होने पर वे इससे उबरने की स्पष्ट कोशिश कर सकते हैं।

उचित गति चुनें : हम जिस गति से बोलते हैं, उससे भी संदेश पर असर पड़ता है। यदि हम तात्कालिकता या रोमांच व्यक्त करना चाहते हैं, तो गति को बढ़ाना सबसे अच्छा रहता है। जब हम डेडलाइन पूरी करने के लिए कर्मचारियों से ज्यादा तेजी से काम करने को कहते हैं, तब अगर हम धीमे बोलेंगे, तो तात्कालिकता का आवश्यक अहसास उत्पन्न नहीं हो पाएगा।

दूसरी ओर, यदि हम चाहते हैं कि कोई बात अंदर बैठ जाए, तो हमें इसे ज्यादा धीमे कहना चाहिए। "हमारे काम की गुणवत्ता के बारे में बहुत सारी शिकायतें आई हैं, अगर आप - में - से - हर - व्यक्ति - अपने - काम - की जाँच - करने में - एक और मिनट - लगा ले, तो यह समस्या दूर हो सकती है।"

आवाज की तीव्रता को नियंत्रित करें

बोले गए संदेश में अपनी आवाज ऊपर-नीचे करना लिखे हुए शब्दों को इटेलिक करने जैसा होता है। आवाज ऊँची हो या नीची, यह संदेश पर निर्भर करता है।

सावधानी : जब कोई किसी बिंदु पर जोर देना चाहता है, तो चिल्लाने का बहुत प्रलोभन होता है। मगर ध्यान रहे, चिल्लाने से ध्यान भटक सकता है या नकारात्मक प्रभाव भी पड़ सकता है। वॉल्यूम को नियंत्रित करना चाहिए, ताकि हम बहुत ज्यादा जोर से या बहुत धीमे न बोलें। यदि हमारी आवाज जोरदार है, तो वॉल्यूम को सावधानी से नियंत्रित करना खास तौर पर महत्त्वपूर्ण होता है। यह सार्वजनिक भाषणों में बहुत मायने रखता है, जहाँ माइक्रोफोन का इस्तेमाल किया जा सकता है। बहुत ऊंचा वॉल्यूम बड़ी आसानी से माइक्रोफोन पर किसी की भी आवाज को विकृत कर सकता है। चाहे आवाज नैसर्गिक रूप से धीमी हो या तेज, यह सामने वाले को कैसे सुनाई देती है, इस पर सावधानीपूर्ण ध्यान देना और गंभीर अभ्यास करना वॉल्यूम को नियंत्रित करने में सहायक होगा।

चाहे हम निजी बातचीत कर रहे हों या सार्वजनिक, इन सुझावों पर अमल करने से हमारी बात ज्यादा आसानी से श्रोताओं को समझ आएगी और उन पर ज्यादा सकारात्मक प्रभाव पड़ेगा।

श्रोताओं को पसंद आने के बारह तरीके

श्रोता हमारे संदेश अच्छी तरह सुनें, इसके लिए यह जरूरी है कि वे हमें पसंद करें। यहाँ श्रोताओं का दिल जीतने और उन्हें प्रभावित करने के बारह अचूक सिद्धांत बताए जा रहे हैं, जो समय की जाँच में खरे उतरे हैं।

1. किसी समूह को संबोधित करने का अवसर मिलने पर खुद को सम्मानित महसूस करें - और यह बात बता भी दें! समूह चाहे कितना भी बड़ा हो या कैसा भी हो, उसके सामने बोलने का आमंत्रण लगभग हमेशा गौरव की बात होती है। कृतज्ञता जताना शिष्टाचार का मामला है। इससे श्रोताओं का समूह हमें ज्यादा पसंद करेगा।
2. अपने श्रोताओं की सच्ची प्रशंसा करें : कभी किसी समूह के सामने

तब तक न बोलें, जब तक कि आप उस समूह के बारे में पहले से ज्यादा से ज्यादा जानकारी हासिल न कर लें। फिर कुछ सेकेंड तक श्रोताओं को समूह के कुछ अच्छे या असाधारण गुण याद दिलाएँ, जिस वजह से हम उन्हें संबोधित करके गौरवान्वित महसूस करते हैं।

3. जब भी संभव हो, कुछ श्रोताओं के नाम लें : इंसान का नाम किसी भी भाषा में उसके लिए सबसे मधुर स्वर होता है, इसलिए जब भी संभव हो, कुछ श्रोताओं के नाम लें। गौर करें, जब नेता किसी सभा में बोलते हैं, तो वे लगभग हमेशा श्रोता समूह में बैठे स्थानीय पदाधिकारियों के नाम लेते हैं।

4. **खुद को ऊपर नहीं - नीचे रखें!** : विनम्रता से आम तौर पर विश्वास और सद्‌भाव प्रेरित होता है। अब्राहम लिंकन इसमें माहिर थे। लिंकन-डगलस बहस के दौरान एक रात एक ब्रास बैंड ने लि कन के सामने संगीत बजाया। जब लिंकन लोगों को संबोधित करने के लिए होटल के कम रोशनी वाले पोर्च में पहुँचे, तो किसी ने लालटेन ऊपर कर दी, ताकि भीड़ लिंकन का घरेलू चेहरा देख सके। लिंकन ने यह कहकर शुरुआत की, "मित्रों, मैं आपको जितना कम दिखूँगा, आप मुझे उतना ही ज्यादा पसंद करेंगे।" लिंकन बाइबल की सलाह की बुद्धिमत्ता जानते थे : "जो खुद को झुकाता है, उसे ऊपर उठाया जाएगा।"

5. **"आप" नहीं , "हम" कहें** : कभी श्रोताओं को नीचा दिखाने का नजरिया न रखें। "आप" के बजाय "हम" कहकर उन्हें व्याख्यान में शामिल करें। वक्ता कहता है : "जब आप चिंतित हों, तो आपको इतना व्यस्त हो जाना चाहिए कि आपके पास अपनी मुश्किलों के बारे में सोचने का समय ही न रहे" अगर वह "आप" दोहराता रहता है, तो लगता है कि वक्ता भाषण दे रहा है और और श्रोताओं को छोटा समझ रहा है। इसके बजाय यह कहें, "जब हम चिंतित होते हैं, तो हमें इतना व्यस्त हो जाना चाहिए कि हमारे पास हमारी मुश्किलो के बारे में सोचने का समय ही

न रहे।" फर्क देखा? जब हम "आप" शब्द का इस्तेमाल करते हैं, तो हम स्वयं को श्रेष्ठतर दिखाने का नजरिया अपनाकर खुद को अप्रिय बना लेते हैं।

चेतावनी का शब्द : "हम" के बहुत ज्यादा इस्तेमाल से ऐसा भी लग सकता है कि वक्ता श्रोताओं को नीचा दिखा रहा है।

6. **त्योरी चढ़े चेहरे और फटकारने वाली आवाज में बात न करे:** याद रखें, हमारे चेहरे के हाव-भाव और हमारी आवाज का लहजा हमारे शब्दों से ज्यादा जोर से बोलता है। चाहे हम निजी बातचीत कर रहे हों या सार्वजनिक, त्योरी चढ़े चेहरे और फटकारने वाली आवाज से किसी को दोस्त नहीं बना सकते। एक पुरानी चीनी सूक्ति है, जिसे आपको और मुझे काटकर अपने हैट के भीतर लगा लेना चाहिए। यह इस तरह है :

7. **अपने श्रोताओं की रुचि के संदर्भ में बात करें :** सभी श्रोता खुद में हमेशा और गहरी रुचि रखते हैं। उनकी रुचि इस बात में होती है कि वे अपनी समस्याएँ कैसे सुलझाएँ। उनकी रुचि बस इतने में ही होती है। इसलिए अगर आप उन्हें यह दिखा देते हैं कि वे ज्यादा खुश कैसे रह सकते हैं, ज्यादा पैसे कैसे कमा सकते हैं, चिंता से छुटकारा कैसे पा सकते हैं और मनचाही चीज कैसे हासिल कर सकते हैं - तो वे खुशी-खुशी सुनेंगे - चाहे हमारी आवाज कैसी भी हो, हमारा हुलिया कैसा भी हो, हम कैसे भी खड़े हों, कैसे भी दिखते हों, कैसी भी मुद्राओं या किसी भी तरह की व्य करण का इस्तेमाल करते हों।

मिसाल के तौर पर, जब एक सेल्स मैनेजर से पूछा गया कि उसने इतनी आसानी से मित्र कैसे बना लिए और उसकी बातचीत इतनी ज्यादा रोचक कैसे हो गई, तो उसने कहा कि उसने बस लोगों से यह पूछा, "आप इस काम में कैसे आए?" फिर उसने मिलने वाले जवाब पर अपनी बातचीत केंद्रित की। उसने घोषणा की कि इस सरल सवाल ने उसके लिए चमत्कार कर दिए हैं, खास तौर पर अजनबियों के साथ। किसी समूह के सामने बोलने से पहले पता

लगाएँ कि उसकी मुख्य चिंताएँ क्या हैं और बातचीत में उन्हीं पर केंद्रित रहें।

8. **व्याख्यान देते समय आनंदित हों :** जब तक हमें बोलने में खुशी नहीं होती हो, हम यह उम्मीद भी कैसे कर सकते हैं कि सामने वाला हमारी बात खुशी से सुनेगा? हमारे मानसिक और भावनात्मक नजरिये चाहे जैसे हों, यह तय है कि वे संक्रामक होते हैं। अगर हमें बोलने, गाने या स्केटिंग करने में मजा आ रहा है, तो हमें देखने-सुनने वाले को भी मजा आएगा। भावनात्मक नजरिये खसरे की तरह संक्रामक होते हैं।

   कोई पूछ सकता है, "मैं व्याख्यान देते समय इतना खुश कैसे हो सकता हूँ?" रहस्य सरल है : किसी ऐसी चीज के बारे में बात करें, जिस पर बात करने का हमने अधिकार अर्जित किया है, जिससे हमारी आँखों में चमक आ जाती है और हमारी आवाज में भावना भर जाती है।

9. **क्षमा न माँगें :** हम सभी ने ऐसे वक्ताओं को सुना है, जो इस तरह की बात कहकर अपना व्याख्यान शुरू करते हैं : "दो सप्ताह पहले तक मुझे पता नहीं था कि मुझे यह व्याख्यान देना है। फिर चेयरमैन ने मुझे बताया कि मुझे अध्यक्ष की जगह पर भाषण देना है।" इस शुरुआती टिप्पणी के बारे में क्या राय है? "मैं सार्वजनिक व्याख्यान देने का आदी नहीं हूँ..." ये वक्ता शुरू करने से पहले ही क्षमा माँग रहे हैं। व्याख्यान देने का कोई आमंत्रण हमें तब तक कभी स्वीकार नहीं करना चाहिए, जब तक कि हम इसकी समुचित तैयारी न कर सकें। यदि हम वह सर्वश्रेष्ठ करते हैं, जो हम कर सकते हैं, तो किसी क्षमा की जरूरत नहीं होगी। यदि हम अपना सर्वश्रेष्ठ नहीं करते हैं, तो हम चाहे कितनी भी क्षमा माँग लें, वह स्वीकार्य नहीं होगी। माफी माँगना आम तौर पर श्रोताओं के समय की बरबादी है, जिससे वे चिढ़ जाते हैं। बहरहाल, यदि हमारे विलंब के पीछे कोई वैध कारण हो, जैसे विमान दूसरी जगह उतर गया हो, ट्रेन देर से आई हो, तो स्थिति को संक्षेप में बताना मुनासिब होता है। हमें

शिष्टता से माफी माँगनी चाहिए और फिर जरा-सा भी समय बरबाद किए बिना व्याख्यान शुरू कर देना चाहिए।

10. **श्रोताओं की ज्यादा अच्छी भावनाओं के प्रति आग्रह करें :** अच्छी भावनाएँ जगाकर किसी श्रोतासमूह को प्रेरित करना आसान नहीं होता। इसके लिए हमें खुद गहराई से प्रेरित होना चाहिए; और अक्सर हम उतनी गहराई से प्रेरित नहीं होते हैं। दूसरों को अपने दृष्टिकोण का कायल बनाने के लिए उन्हें दिखाएँ कि हम जो प्रस्ताव रख रहे हैं, उससे वे संसार को बेहतर बना सकते हैं। उन्हें एक उदाहरण दें। जब सूजन अर्ल अपनी प्रिय परोपकारी संस्था "हीफर इंटरनेशनल" के लिए चंदा माँग रही थी, तो उसने बताया कि एक छोटे-से दान की बदौलत भारत का एक परिवार एक बकरी खरीद लेगा, जिससे उनके बच्चों को दूध मिलेगा और बचा हुआ दूध बेचने से परिवार को थोड़ी आमदनी भी होगी। जब एक बार इस अच्छी भावना की चिंगारी जल जाती है और लपट वक्ता तथा श्रोताओं दोनों को अपनी गिरफ्त में ले लेती है, तो इस अनुभव की गर्मजोशी भरी चमक लंबे समय तक याद रखी जाएगी।

11. **आलोचना से द्वेष न करें :** इसका स्वागत करें : विकासवाद के सिद्धांत की वजह से चार्ल्स डार्विन की जितनी बुरी आलोचना और भर्त्सना हुई उतनी किसी दूसरे वैज्ञानिक की नहीं हुई। लेकिन उन्होने अपने किसी आलोचक के खिलाफ कभी कोई कठोर शब्द नहीं कहा। इसके बजाय उन्होंने उन्हें धन्यवाद देते हुए कहा कि उनके जीवन का मूल उद्देश्य ज्ञान को उजागर करना और सत्य को खोजना है तथा सत्य की खोज में दो दिमाग एक से बेहतर हैं। उन्होंने कहा, "यदि मैं गलत हूँ तो मेरे सिर पर जितनी जल्दी प्रहार किया जाए और मुझे मिटा दिया जाए, उतना ही बेहतर है।"

12. **ईमानदार बनें :** संसार की सारी वाकपटुता भी ईमानदारी और सत्यनिष्ठा की कमी की भरपाई नहीं कर सकती। श्रोता हमें पसंद करें, इसके लिए हमें उन्हें अपने उद्देश्य की ईमानदारी का विश्वास दिलाना होगा। हो सकता है कि वे हमारे विचारों से सहमत न हों,

लेकिन हम प्रभावी तभी बन सकते हैं, जब वे उन विचारों में हमारे विश्वास का सम्मान करें।

आलोचना का स्वागत करें और इस पर सम्मान व विनम्रता से प्रतिक्रिया करें। हम जो होते हैं, उसका हमारी बातों से ज्यादा प्रभाव पड़ता है। ईमानदारी, सत्यनिष्ठा, विनम्रता और नि:स्वार्थता श्रोतासमूह पर गहरा असर छोड़ती है।

हमें ईमानदारी और नि:स्वार्थता प्रदर्शित करने वाले अनाड़ी वक्ता को ज्यादा पसंद करना चाहिए और उस कुशल वक्ता को कम पसंद करना चाहिए, जो हमें सिर्फ अपनी वाकपटुता से प्रभावित करने की कोशिश कर रहा हो।

किसी वक्ता का परिचय देना और उसे धन्यवाद देना

यदि हम किसी मीटिंग की अध्यक्षता करते हैं या वक्ता को आमंत्रित करने वाली समिति में होते हैं, तो संभवत: हमें वक्ता का परिचय देना होगा। पहले की बातों और बाद की बातों को अलग करने के लिए परिचय उपयोगी होता है। यह श्रोताओं के लिए मंच बना देता है कि वे उस व्यक्ति पर पूरा ध्यान दें, जिसका परिचय दिया जा रहा है और उस विषय पर भी ध्यान दें, जिस पर वह बोलने वाला है।

परिचय वक्ता और श्रोताओं के बीच की समानताएँ बताता है। परिचय श्रोताओं को वक्ता को स्वीकार करने के लिए तैयार करता है। यह वक्ता के व्याख्यान और श्रोताओं की रुचि के विषय के बीच सेतु बनाता है। इसे टी-आई-एस तकनीक कहा जाता है।

टी - सबसे पहले, प्रस्तुति का विषय या शीर्षक (टाइटल) बताएँ।

आई - पहचानें कि यह विषय श्रोताओं के लिए महत्त्वपूर्ण या रुचिकर (इन्टरेस्टिंग) क्यों है।

एस - वक्ता (स्पीकर) की योग्यताएँ बताएँ। ऐसी योग्यताएँ बताएँ, जिनसे उस विषय पर वक्ता की विश्वसनीयता और विशेषज्ञता स्थापित हो जाए। फिर वक्ता का नाम बताएँ।

परिचय की तैयारी करना

टीआईएस तकनीक किसी वक्ता का परिचय देने का सिर्फ एक प्रभावी

तरीका ही नहीं है, बल्कि इसका इस्तेमाल तब भी किया जा सकता है, जब हम किसी समूह को संबोधित करने वाले हों। अपना लिखित परिचय तैयार करें। सुनिश्चित करें कि यह पर्याप्त बड़े अक्षरों में छपे, ताकि व्याख्यान-मंच से आसानी से पढ़ा जा सके।

प्रस्तुति के बहुत पहले कार्यक्रम का संचालन करने वाले को अपना परिचय दे दें। उससे कहें कि वह इसे पूरा पढ़ ले। यदि उसके मन में कोई सवाल हो, तो उनका जवाब दें। जो व्यक्ति हमारा परिचय देने वाला है, उसे इस बारे में संक्षिप्त, सकारात्मक और रोमांचित बनने के लिए प्रोत्साहित करें।

खुद का परिचय देते समय घटनाओं का क्रम थोड़ा बदल जाता है। पहला बिंदु हमारा नाम और कंपनी या संगठन के साथ जुड़ाव होगा। इसके बाद व्याख्यान का शीर्षक बताते हुए यह भी बताएँ कि श्रोताओं के लिए यह क्यों महत्त्वपूर्ण है। अपनी योग्यताएँ बताते समय अपनी पृष्ठभूमि के उन पहलुओं को बताएँ, जो विषय और अवसर के लिए प्रासंगिक हों।

मीटिंग के अध्यक्ष के रूप में हमें वक्ताओं को व्याख्यान देने के लिए धन्यवाद देना होगा। धन्यवाद देते समय वक्ता के योगदान और उसके व्याख्यान के श्रोताओं के लिए महत्त्व को रेखांकित करें। इसकी प्रणाली सारगर्भित होनी चाहिए। हम मूलतः पूरे समूह की तरफ से धन्यवाद दे रहे हैं।

टी आई एफ तकनीक का इस्तेमाल करके वक्ता को धन्यवाद देने के दिशानिर्देश

टी - सबसे पहले, वक्ता का नाम लेकर उसे धन्यवाद (थैंक्स) दें।

आई - फिर प्रस्तुति के किसी खास रोचक (इन्टरेस्ट) क्षेत्र का जिक्र करें, जो श्रोताओं के लिए अर्थपूर्ण रहा है।

एफ - अंत में एक औपचारिक कथन (फॉर्मल स्टेटमेन्ट) कहें, जिसमें वक्ता को धन्यवाद दिया गया हो और एक बार फिर उसके पूरे नाम का इस्तेमाल करें।

11.

महान जीवन का संप्रेषित होना

हम जानते हैं कि हम इस तरह की मीटिंग को पसंद नहीं करेंगे। निश्चित रूप से हम उस मीटिंग को ज्यादा पसंद करेंगे, जहाँ सीईओ मीटिंग को औपचारिक बनाए और "कंपनी में चल रही चीजों" के बारे में कुछ लिखित पन्ने पेश करें।

आश्चर्य! फेसबुक के सीईओ मार्क जकरबर्ग बोर्डरूम में पीले लीगल कागज से ही अपनी बोर्ड बैठकें शुरू करते हैं और वे ऐसा तब भी करते थे, जब फेसबुक शुरू हो रहा था।

और मार्क की उम्र छब्बीस साल है।

तो मानसिक रूढ़ियों का यह हश्र होता है!

अप्रत्याशित की तलाश करना

लोगों की औसत उम्र बढ़ने की वजह से अब यह असामान्य नहीं रह गया है कि किसी बैठक, परिवार या ऑफिस में चार अलग-अलग पीढ़ियों के लोग शामिल हों और सभी उन्हीं चार दीवारों के भीतर हिल-मिलकर चलने की उम्मीद कर रहे हों। शोध हमें बताता है कि दो या अधिक लोगों के बीच होने वाला संवाद उनके संबंध को परिभाषित करता है।

हमारे समाज में नाती-पोतों को बड़ा करने के लिए दादा-दादी को भी बुलाया जाता है, इसलिए स्पष्ट संवाद दोगुना महत्त्वपूर्ण है। संवाद की बदौलत परिवार के सदस्य अपनी परिवर्तनशील आवश्यकताएँ बताने में सक्षम बनते हैं। यह वह साधन भी है, जिससे हर व्यक्ति सीख सकता है कि संसक्त इकाई के रूप में अच्छी तरह काम कैसे किया जाता है। यह एकांगी मार्ग नहीं है। सिर्फ बच्चों को ही समझने के इरादे से काम नहीं करना चाहिए। बड़ी पीढ़ियों को भी अपने नाती-पोतों की अनूठी चुनौतियों को समझना चाहिए, जिनमें से मुख्य तीन ये हैं : नशीले पदार्थ, हिंसा और यौन गतिविधि।

इंग्लैंड में लर्निंग टेक्नोलॉजी रिसर्च इंस्टीट्यूट के संचालक टॉम बॉयल ने दूसरों के साथ संबंध बनाने की योग्यता के लिए नेटवर्क कोशिएंट या एनक्यू शब्दावली ईजाद की थी। बॉयल के अनुसार पीढ़ियों में आपसी संवाद के मामले में एनक्यू आईक्यू से ज्यादा महत्त्वपूर्ण होता है। अगल-बगल में रह रही और काम कर रही हर पीढ़ी की अपनी अनूठी मानसिकता, कार्यशैली और संवाद का तरीका होता है। इन खाइयों पर पुल बनाए बिना किसी भी तरह की पारिवारिक या कामकाजी टीम संभव नहीं होती।

चाहे परिवार में हो, समाज में हो या कार्यक्षेत्र में हो, नीचे पीढ़ीगत समूहों की वर्तमान सूची दी जा रही है।

परंपरावादी या अनुभवी

परंपरावादी 1925 और 1944 के बीच पैदा हुए थे। उनकी उम्र 65 साल या इससे ज्यादा है। कार्यबल में उनकी संख्या लगभग 75 मिलियन है। हम उनके साथ संवाद करते वक्त "हम" या "हमारा" जैसी जोड़ने वाली भाषा के जरिये विश्वास बनाते हैं। शब्द पूर्ण सत्य होते हैं। उन्हें औपचारिक होना चाहिए और बॉडी लैंग्वेज के सामंजस्य में होना चाहिए। वे विश्वास किए बिना अपने विचार नहीं बताएँगे और उन्हें अपने समय की बरबादी पसंद नहीं आती। वे आमने-सामने के या लिखित संवाद को ज्यादा पसंद करते हैं।

बेबी बूमर्स : 1945 और 1964 के बीच जन्मे बेबी बूमर्स की उम्र 46 से 64 के बीच होती है और कार्यबल में इनकी संख्या लगभग 80 मिलियन है। उनके साथ हम बहुत सारी बॉडी लैंग्वेज का इस्तेमाल करते हैं और खुली व सीधी भाषा में बात करते हैं। हम स्पष्टता से और पूरी तरह सवालों के जवाब देते हैं। हम यह उम्मीद कर सकते हैं कि वे विवरणों के लिए हम पर दबाव डालेंगे। हम नियंत्रणकारी, चालाकी भरी भाषा का इस्तेमाल नहीं करते हैं। हम लचीली सोच दिखाने के लिए विकल्प माँगते या प्रदान करते हैं। हम आमने-सामने के या इलेक्ट्रॉनिक संवाद का इस्तेमाल करते हैं।

जेनरेशन एक्स : 1965 और 1981 के बीच जन्मे जेनरेशन एक्स पीढ़ी के लोगों की उम्र 27 से 45 के बीच होती है। कार्यबल में इनकी संख्या लगभग 46 मिलियन है, जो अमेरिकी श्रम विभाग के अनुसार कर्मचारियों का सबसे छोटा समूह है। हम उनकी भाषा सीखते और बोलते हैं। हम

अपनी बात इतनी संक्षिप्त रखते हैं, ताकि वे हमारी बात पर पूरा ध्यान दें। हम उन्हें चुनौती देते हैं और उनकी राय माँगते हैं। हम उन्हें जानकारी तुरंत बताते हैं। हम अक्सर एक अनौपचारिक संवाद शैली का इस्तेमाल करते हैं। हम उनकी रायों को सुनते हैं और सम्मान दिखाते हैं। हम मूल संवाद के लिए ईमेल का इस्तेमाल करते हैं।

मिलेनियल्स या जेनरेशन वाय : ये 1980 से 2000 के बीच पैदा हुए हैं। मिलेनियल्स की उम्र 7 से 27 के बीच है और कार्यबल में इनकी संख्या 76 मिलियन है। हम उन्हें प्रेरित, प्रोत्साहित और केंद्रित रखने के लिए शब्दों से चित्र खींचते हैं। उन्हें चुनौती देने के लिए हम कार्य से संबंधित क्रिया-शब्दों का इस्तेमाल करते हैं। हम उन्हें कभी नीचा नहीं समझते हैं, बल्कि अपनी भाषा से सम्मान जताते हैं। हम लगातार उनका फीडबैक माँगते हैं, हास्यबोध का इस्तेमाल करते हैं, उन्हें दायरे के बाहर सोचने के लिए प्रोत्साहित करते हैं और नए मार्गों या विकल्पों की पड़ताल करने की चुनौती देते हैं। उनसे संप्रेषण करते वक्त हम बुनियादी संवाद औजार के रूप में ईमेल, टेक्स्ट मैसेज, आईएम और वॉइस मेल का इस्तेमाल करते हैं।

स्वस्थ भिन्नताओं से विकास प्रोत्साहित होता है

डेल कारनेगी की प्रणाली भिन्न पीढ़ियों का सम्मान करने, कद्र करने और तादात्म्य बनाने के लिए अंतर्दृष्टि प्रदान करती है। जब हम एक दूसरे के साथ ज्यादा प्रभावी ढंग से जुड़ना और संवाद करना सीख लेते हैं, तो दरअसल भिन्नताओं को हानिकारक के बजाय स्वस्थ के रूप में देखा जा सकता है, जिससे नवाचारी समाधानों पर सहयोग के रोमांचक अवसर उपलब्ध होते हैं।

पीढ़ियों के बीच सफल संबंध तब ज्यादा संभव होते हैं, जब दोनों ही पीढ़ियों के लोग नीचे दिए गए सुझावों पर अमल करें :-

- पीढ़ियों की भिन्नताओं में रुचि लें। उन्हें बिना सोचे-समझे खारिज ना कर दें।
- अपनी खुद की पीढ़ी को जानें। दूसरी पीढ़ी में हमारी पीढ़ी से अलग विशेषताएँ होती हैं, जिनसे हमें हैरानी हो सकती है। उनके बारे में

जागरूक बनने से निश्चित रूप से आपकी आँखें और नजरिये खुल जाएँगे।

- दूसरी पीढ़ियों और उनकी विशेषताओं को जानें, कम से कम सामान्य तौर पर।
- दूसरी पीढ़ियों के साथ संघर्षों से उपजे द्वेष को कायम नहीं रखें।
- विभिन्न पीढ़ियों के प्रति सकारात्मक भावनाएँ रखें। दूसरे शब्दों में, नकारात्मक भावनाओं को पोषण नहीं दें और जब भी सकारात्मक भावनाएँ उपजें, तो उन्हें प्रोत्साहित करें।
- अपने विचारों, भावनाओं और व्यवहार पर ध्यान केंद्रित करें। अविचारित प्रतिक्रियाओं से संचालित होकर अचेतन रहने के बजाय ध्यानपूर्ण बनें।
- यह पहचानें कि हमारी अनुभूतियाँ हमारे संपर्कों को कैसे प्रभावित करती हैं। और देखा जाए तो अनुभूति ही सब कुछ है।
- हमारे व्यवहार का दूसरी पीढ़ियों पर कैसा प्रभाव पड़ता है, इस बारे में जागरूक बनें।

यह एक बार का मामला नहीं है।

निश्चित सकारात्मक नजरियों, सिद्धांतों और अवधारणाओं का लगातार पालन करना होता है, तभी खुद से भिन्न लोगों के साथ व्यवहार में सफलता और प्रभावकारिता मिलती है। एक ही झटके में बहुत कम चीजें अचानक एकदम नए व्यवहार में बदलती हैं।

यहाँ विभिन्न पीढ़ियों के लोगों को समझने के लिए कुछ मूल्यवान कुंजियाँ दी जा रही हैं :

यदि आप परंपरावादी हैं (1925-1944) और अगर आप दूसरे परंपरावादी लोगों से बात कर रहे हैं, तो आप एक ऐसे तंत्र में अच्छी तरह मिलकर काम करते हैं, जहाँ आप एक-दूसरे के दर्जे को जानते हों। आपको अद्यतन रहने के लिए एक दूसरे से विचार माँगने चाहिए और हिल-मिलकर चलने के लिए मानव संबंधों की योग्यताओं का इस्तेमाल करना चाहिए।

बूमर लोगों से बात करते समय आपको गर्मजोशी भरा और दोस्ताना होना चाहिए। आप सवाल पूछते हैं और उन्हें यह नहीं बताते हैं कि क्या करना

है। आपको उन्हें यह बताने देना चाहिए कि काम कैसा चल रहा है, फिर सुधार के बारे में सुझाव देने की अनुमति माँगनी चाहिए।

एक्स पीढ़ी के लोगों से बात करते वक्त आपको यह पहचान लेना चाहिए कि स्वतंत्रता उनके लिए तार्किक है। आप उन्हें आवश्यक अंतिम परिणाम बता देते हैं और फिर उन्हें जवाबदेह बना देते हैं। आपको उन्हें उनके तरीके से काम पूरा करने की स्वतंत्रता देनी चाहिए।

मिलेनियल पीढ़ी के लोगों से बात करते समय आपको अहसास करना चाहिए कि यह वह पीढ़ी है, जो दरअसल आपके जैसी सबसे ज्यादा है, जिसमें नागरिक कर्तव्य, नैतिकता और आशावाद का अहसास है। आपको उनकी प्रभावी प्रौद्योगिकी योग्यता से सीखना चाहिए और चीजें कराने के लिए मिलकर काम करना चाहिए।

यदि आप बूमर हैं (1945-1964) और आप परंपरावादी पीढ़ी के लोगों से बात कर रहे हैं, तो आपको उनके ज्ञान, बुद्धिमत्ता और अनुभव को महत्त्व देना चाहिए। आपको यह पहचानना चाहिए कि संरचित घंटों और जिम्मेदारियों की उनकी आवश्यकता वफादारी और समर्पण प्रदर्शित करती है।

और आप दूसरे बूमर्स से बात कर रहे हैं, तो आप एक टीम की तरह अच्छे से काम करते हैं, एक दूसरे की रायों और आवश्यकताओं का सम्मान करते हैं तथा आवश्यक परिणामों पर ध्यान केंद्रित करते हैं। आप अपने विश्वासों के लिए आरामदेह तरीके से खड़े होते हैं।

और आप एक्स पीढ़ी के लोगों से बात कर रहे हैं, तो आपको तेजी से और स्वतंत्रता से अनुकूलन करने की उनकी योग्यता का लाभ लेना चाहिए। आपको लोक-व्यवहार की योग्यताएँ विकसित करने में उनकी मदद करनी चाहिए, जिसकी जरूरत उन्हें विकास करने के लिए है।

और आप मिलेनियल पीढ़ी के लोगों से बात कर रहे हैं, तो आपको अहसास करना चाहिए कि वे एक टीम के रूप में अच्छी तरह काम करते हैं, जैसे कि आप करते हैं। आपको मानव संबंधों की योग्यता का मॉडल बनना चाहिए, जिनमें आप अच्छे हैं, साथ ही दूसरों पर केंद्रित होने का मूल्य भी दर्शाना चाहिए।

यदि आप एक्स पीढ़ी के हैं (1965-1981) और अगर आप परंपरावादी पीढ़ी के लोगों से बात कर रहे हैं, तो प्रौद्योगिकी के मामले में आपको

उनके सीखने के चक्र के साथ धैर्य रखना चाहिए और उन्हें तंत्र प्रदान करना चाहिए। आपको उनके प्रति समर्थन दिखाना चाहिए और उन्हें सम्मान देना चाहिए, खास तौर पर अगर आपको उन्हें काम सौंपना हो।

और आप बूमर पीढ़ी के लोगों से बात कर रहे हों, तो आपको उन्हें प्रौद्योगिकी के बारे में पढ़ने और सीखने के लिए ज्यादा प्रोत्साहित करना चाहिए, अगर आपको उनके जीवन में यह भूमिका निभानी हो। आपको पहचानना चाहिए कि उनके योगदान का तरीका अक्सर लंबी अवधि तक काम करना होता है।

और आप एक्स पीढ़ी के दूसरे लोगों से बात कर रहे हैं, तो आप स्पष्ट और सीधे हो सकते हैं। आप दोनों ही स्वतंत्रता की आवश्यकता को महत्त्व देते हैं। आप गलतफहमियों से बचने के लिए अपनी मानव संबंधों की योग्यताओं का इस्तेमाल कर सकते हैं।

और अगर आप मिलेनियल पीढ़ी के लोगों से बात कर रहे हैं, तो आपको कम उम्र के इन कर्मचारियों की प्रौद्योगिकी योग्यताओं का सम्मान करना चाहिए और उनका लाभ लेना चाहिए। आपको मजे करने और संतुलित जीवन जीने की अपनी साझी आवश्यकता का लाभ लेना चाहिए।

अगर आप मिलेनियल पीढ़ी के हैं (1980-2000) और आप परंपरावादी पीढ़ी के लोगों से बात कर रहे हैं, तो आपको अहसास होता है कि आप दोनों का ही नजरिया और दृष्टिकोण समान है। आप उनके अनुभव का सम्मान करते हैं और उन प्रक्रियाओं तथा विधियों को सीखते हैं, जिसमें वे विशेषज्ञता रखते हैं।

और आप बूमर्स पीढ़ी के लोगों से बात कर रहे हैं, तो आप उनसे सामूहिक निर्णय लेने की क्षमता तथा टीमवर्क का अहसास सीख सकते हैं। आप प्रोत्साहन देने वाले परिवेश में प्रौद्योगिकी सीखने में उनकी मदद कर सकते हैं।

और आप एक्स पीढ़ी के लोगों से बात कर रहे हैं, तो आपको उनसे व्यावहारिकता सीखनी चाहिए और सामूहिक गत्यात्मकता के पूरक व संतुलनकारी घटक के रूप में आत्म-निर्भरता के उनके अहसास का इस्तेमाल करना चाहिए।

और आप मिलेनियल पीढ़ी के दूसरे लोगों से बात कर रहे हैं, तो आप

टीम के रूप में मिलकर काम करते हैं और काम कराने के लिए संसाधनों को एकजुट करने का तरीका जानते हैं। बेहतर रहेगा कि आप मार्गदर्शक खोज लें, ताकि आप नए तरीकों से विकास कर सकें।

नरमी से गतिरोध तोड़ना

अगर हर पीढ़ी प्रयास करती है, तो आप राय की भिन्नताओं को उम्र की भिन्नताओं से जोड़कर नहीं देखेंगे। लेकिन संप्रेषण की योग्यताएँ रातोंरात नहीं आ जाती हैं और उन्हें विकसित होने का समय देना चाहिए। विशेषज्ञ सलाह देते हैं कि सुरक्षित विषय से शुरू करें, बातचीत के लिए गतिरोध तोड़ने नामक उपाय का इस्तेमाल करें, उस बुनियाद पर संवाद का महल बनाएँ, जब तक कि समानताएँ नहीं मिल जाएँ और तालमेल नहीं बन जाए। तब एक दूसरे के जीवन में संलग्नता का ज्यादा गहरा स्तर ज्यादा स्वाभाविक लगेगा।

जब एक-दूसरे के जीवन के बारे में बताने और पीढ़ियों की खाइयों के पार संवाद की कोशिश की बात आती है, तो फिल्म देखने से आम तौर पर ज्यादा विचारोत्तेजक चर्चा उत्पन्न नहीं होती है। लेकिन अगर फिल्म किसी पीढ़ी के सदस्य द्वारा दूसरी पीढ़ी को ज्यादा अच्छी तरह समझने के इरादे से चुनी जाती है, तो इसका इस्तेमाल प्रश्नों, उत्तरों और व्याख्या के लिए मंच के रूप में किया जा सकता है। मिसाल के तौर पर, जब दादाजी अपने पोते के साथ मिलकर कासाब्लाँका और ट्रेनस्पॉटिंग जैसी फिल्में देखते हैं, तो इसमें कोई शक नहीं है कि दोनों ही तरफ से प्रश्न पूछे जाएँगे।

माध्यम सब कुछ कह देता है

मीडिया के विकास से भी संवाद में खाइयाँ बढ़ती हैं। परंपरावादी यानी अनुभवी पीढ़ी के लोग रेडियो सुनकर बड़े हुए थे, जिसने उन्हें उनकी कल्पनाशक्ति का इस्तेमाल करने के लिए प्रोत्साहित किया था। परिवार के सभी लोग मिलकर सुनते थे और सुनी गई बातों पर चर्चा करते थे।

बूमर्स पीढ़ी के लोग टेलीविजन देखकर बड़े हुए थे, जहाँ शाब्दिक और गैर-शाब्दिक संकेत कहानी की व्याख्या में उनकी मदद करते थे।

एक्स पीढ़ी के लोग इंटरनेट का इस्तेमाल करके बड़े हुए थे, जिसमें काफी हद तक लिखित शब्द पर ध्यान केंद्रित किया जाता था। इंटरनेट के

"समुदायों" के भ्रम के बावजूद ये लोग काफी हद तक अकेले में काम करते थे।

मिलेनियल पीढ़ी के लोग नेटवर्कों के साथ बड़े हुए थे, जहाँ जानकारी किसी भी समय, कहीं भी और मानव हस्तक्षेप की जरूरत के बिना उपलब्ध थी।

परिणाम : चार अलग-अलग संवाद शैलियाँ, जिनमें से प्रत्येक को पक्का विश्वास है कि बाकी तीनों इसे आदर्श तरीके से समझते हैं। बहरहाल, उनमें से प्रत्येक जिस एक चीज पर सहमत हो सकता है, वह है सच्ची प्रशंसा, मान्यता और कद्र देने व पाने की आवश्यकता। चाहे हम उपलब्धियों या चरित्र के गुणों व शक्तियों की प्रशंसा कर रहे हों, इस मामले में सफलता के लिए डेल कारनेगी का फॉर्मूला यह सुझाव देता है :-

1. जिस व्यक्ति की प्रशंसा की जा रही है, उसे बता दें कि आप उसकी किस चीज की प्रशंसा करते हैं।
2. फिर इसके बाद यह स्पष्ट करें कि आपने यह बात क्यों कही। आपके पास अपनी बात के समर्थन में क्या प्रमाण है? यह आपकी प्रशंसा को विश्वसनीयता देता है और इसे चापलूसी से अलग करता है। "मैं ऐसा इस कारण कह रहा हूँ..." फिर कोई प्रश्न पूछकर उन्हें बात करने के लिए प्रेरित करें।

12.

आत्म-विश्वास पैदा करें

जब लैरी की कंपनी ने एक नए विभाग के सुपरवाइजर के पद का विज्ञापन दिया, तो लैरी के मन में आवेदन करने का लालच आया, लेकिन तुरंत ही उसके मन में यह विचार आया "मैं तरक्की तो पसंद करूँगा, लेकिन मैं शायद वहाँ की जिम्मेदारियों को नहीं सँभाल पाऊँ।"

सूजन ने अपने बॉस को एक सुझाव दिया, जो उसके ख्याल से उत्पादकता को बेहतर बना सकता था, लेकिन बॉस ने इसमें कुछ दोष बता दिए। सूजन की प्रतिक्रिया यह थी "मैं असफल हूँ। मैं किसी विषय पर पूरी तरह नहीं सोच पाती। मैं दोबारा कभी सुझाव नहीं दूंगी।"

क्लेयर से अपने चर्च की एक कमेटी की चेयरमैन बनने का आग्रह किया गया। उसने अपने पति से कहा "मुझे इस प्रोजेक्ट के बारे में चर्च के सदस्यों के सामने बोलना होगा। मैं यह काम किसी तरह नहीं कर सकती।"

एलियट शुरुआती तीन महीने तक अपनी कंपनी का शीर्ष सेल्समैन था, लेकिन चौथे महीने में उसका प्रदर्शन ठीक नहीं था। वह बहुत पीछे रहा। उसने अपने मन में कहा कि मैं उस पहली तिमाही में खुशनसीब था, लेकिन बाद में किस्मत ने साथ नहीं दिया, और अब मैं वहीं हूँ, जहाँ मुझे होना चाहिए। कठिनाई से अपना कोटा पूरा कर रहा हूँ। मैं यह भी जानता हूँ कि यह ज्यादा समय तक नहीं चल सकता।

आप गौर से सोचिये इनकी समस्या क्या है? इनमें आत्म-विश्वास की कमी है। ये खुद को असफल मानते हैं और सोचते हैं कि वे जीवन भर निचले स्तर पर बने रहने के लिए अभिशप्त हैं।

बहुत बार ऐसा होता है जब हम अपनी योग्यताओं और उपलब्धियों पर शक करते हैं और हमारा आत्म-विश्वास रसातल में पहुंच जाता है। हम

अपनी योग्यताओं और खुद का आकलन इस आधार पर करते हैं कि दूसरे लोग हमारे बारे में क्या सोचते हैं। ऐसी मानसिकता असफलता का डर पैदा करती है और हम जोखिम लेने से कतराते हैं। यदि ऐसी मानसिकता घर कर जाए तो हम खुद को नीचे रखेंगे, दूसरों की सकारात्मक राय को महत्त्व नहीं देंगे बल्कि उनकी नकारात्मक राय को मान लेंगे। यह स्थिति खुद को पराजित करने वाले वैचारिक तौर-तरीके और नकारात्मक दृष्टिकोण हमेशा पीछा करते रहते हैं।

किसी भी व्यक्ति के जीवन में आत्म-विश्वास, आत्म-गौरव महत्वपूर्ण हिस्सा है। हम जो निर्णय लेते हैं, उन पर हम तभी विश्वास कर सकते हैं, जब हमें खुद पर भरोसा हो। हमें खुद को सचमुच मूल्यवान और महत्त्वपूर्ण महसूस करना चाहिए। यदि हममें आत्म-गौरव नहीं है, तो हम अपने निर्णयों के सही होने पर विश्वास कैसे कर सकते हैं?

हम अपने बारे में जो सोचते हैं, वो हमें महत्त्वपूर्ण नहीं लगता। बल्कि हमारे बारे में दूसरे लोग क्या सोचते हैं, इस बारे में हम ज्यादा सोचते हैं। विलियम बेकर ने कहा था, "इस बात की परवाह न करें कि 'लोग' आपके बारे में क्या सोचते हैं। वे आपका अति या न्यून आकलन कर सकते हैं। जब तक वे आपका सच्चा मूल्य समझेंगे, तब तक आपकी सफलता मुख्यत: इस बात पर निर्भर करती है कि आप खुद के बारे में क्या सोचते हैं और आपको खुद पर विश्वास है या नहीं। अगर कोई आप पर यकीन न भी करे, तब भी आप सफल हो सकते हैं, लेकिन अगर आपको खुद पर यकीन न हो, तो आप कभी सफल नहीं हो सकते।"

एपिक्टेटस ने कहा था, "जो खुद का स्वामी नहीं है, वह इंसान स्वतंत्र नहीं है।" जब तक हमें अपनी योग्यताओं पर विश्वास न हो और जब तक सफल होने के अपने संकल्प में यकीन न हो, तब तक हम उस मार्ग पर चलना शुरू ही नहीं करेंगे, जो हमें लक्ष्यों की दिशा में ले जाता है। हमें खुद से बड़ी चीजों की उम्मीद करनी चाहिए। यह विश्वास हमारे भीतर के सर्वश्रेष्ठ गुणों को सामने लाता है। जैसी पुरानी कहावत है : "जीवन के युद्ध हमेशा सबसे शक्तिशाली या सबसे तेज इंसान नहीं जीतता है; देर-सवेर जीतता वही इंसान है जो सोचता है कि वह जीत सकता है।"

हम ख़ुद को क्या मानते हैं?

जिनमें आत्म-विश्वास नहीं होता, वे इस बात पर बहुत जोर देते हैं कि दूसरे क्या सोचते हैं और इसी से वे यह तय करते हैं कि खुद के बारे में कैसा महसूस करना चाहिए। डर के कारण वे जोखिम लेने से कतराते हैं और अमूमन सफल होने की आशा नहीं करते हैं। वे अक्सर खुद को नीचे रखते हैं, सकारात्मक राय को महत्त्व नहीं देते हैं और नकारात्मक राय को सच मान लेते हैं। नतीजा यह होता है कि खुद को पराजित करने वाले वैचारिक तौर-तरीके और नकारात्मक दृष्टिकोण निरंतर चलते रहते हैं। ऐसी सोच पराजित करने वाले कुछ वैचारिक तरीके निम्न प्रकार है :-

- जब बॉस ने सूजन के सुझाव की आलोचना की, तो उसकी प्रतिक्रिया अतिवादी सोच से प्रेरित थी। इस एक असफलता की वजह से ही वह यह महसूस करने लगी, "अगर मेरा प्रदर्शन आदर्श नहीं है, तो मैं पूरी तरह असफल हूँ।"
- आपदा जीवन के हर मोड़ पर मँडराती है और अचानक सामने आ धमकती है। मिसाल के तौर पर, एक छोटी-सी नकारात्मक झलक, छोटी-सी आलोचना या हल्की-फुल्की टिप्पणी सारी वास्तविकता को छिपा लेती है। "मैं वह प्रस्तुति ठीक से नहीं दे पाया, इसलिए अब मुझे कभी प्रमोशन नहीं मिलेगा।"
- अच्छा प्रदर्शन बुरे प्रदर्शन जितना महत्त्वपूर्ण नहीं माना जाता है। यह एलियट की प्रतिक्रिया थी। "मैं जानता हूँ कि पिछली तिमाही में मेरा बिक्री का रिकॉर्ड सर्वश्रेष्ठ था, लेकिन यह बस किस्मत की बात थी। अब मैं अपने पुराने असली स्वरूप में लौट गया हूँ। इस तिमाही में मैं बस अपना कोटा पूरा कर रहा हूँ।"
- "चाहिए" कथन हमें आदर्श परिदृश्य की ओर ले जाते हैं, लेकिन इसके बाद एक यथार्थवादी विचार प्रक्रिया आनी चाहिए, जो "वर्तमान स्थिति" तय करे। वर्तमान स्थिति तय करने पर ही हम यह योजना बना सकते हैं कि हम जहाँ हैं, वहाँ से "चाहिए" तक कैसे पहुँचें। अक्सर हम अपनी वर्तमान स्थिति को देखकर ही डर से पंगु हो जाते हैं, क्योंकि हमें ज्ञात होता है कि जहाँ हमें होना चाहिए, वहाँ से हम बहुत दूर हैं। यहाँ ठहरकर अवलोकन करने

और पटरी पर पुनः लौटने का समय है।

- बचपन के बाद हम एक आरामदेह परिवेश बना लेते हैं। सैली के परिवार में सारे निर्णय उसके पिता लेते थे। बच्चों को समझा दिया गया था कि उन्हें दिखना चाहिए, उनकी आवाज नहीं आनी चाहिए। आज सैली बड़ी हो चुकी है, लेकिन पत्नी, माँ और कर्मचारी के रूप में जब उससे निर्णय लेने को कहा जाता है, तो वह असहज हो जाती है। चार्ली कई साल तक अमेरिकी सेना में प्रशासकीय गैर-कमीशन्ड अफसर था। उसने निष्ठा से सेना के नियमों का अध्ययन और अनुकरण किया। रिटायरमेंट के बाद अपनी पहली गैर-सैन्य नौकरी में वह कुशलता से काम नहीं कर पाया, क्योंकि कंपनी में सेना जितने स्पष्ट लिखित नियम नहीं थे, जो उसे मार्गदर्शन दे सकें।

  सांड्रा एल. एक स्थानीय बुटीक में किशोर वय की पोशाकें बेचती थी। उसके बॉस ने उससे कहा, "वह दर्शकों के सामने एक फैशन शो का वर्णन करे।" यह सुनकर वह दहशत में आ गई। एक-एक ग्राहक से बात करना तो उसके लिए सामान्य और आरामदेह था, लेकिन किसी समूह के सामने बोलना उसके आरामदेह दायरे के बाहर था। उसके बॉस ने सलाह दी, "इस समस्या से निबटने के लिए वह डेल कारनेगी कोर्स करे।"

डेल कारनेगी द्वारा ईजाद किए गए कोर्स में प्रतिभागियों की बोलने की हिचक दूर होगी, क्योंकि इसमें हर सदस्य को कम से कम एक बार बोलना जरूरी होता है। यह कारगर होता है, क्योंकि दर्शक प्रशंसा करते हैं और हौसला बढ़ाते हैं। नब्बे वर्ष से ज्यादा समय से डेल कारनेगी प्रशिक्षण कार्यक्रम ने हजारों-लाखों प्रतिभागियों की मदद की है। इसने सांड्रा की भी मदद की, जो अब साल में कई बार फैशन शो का वर्णन करती है। अपने बॉस तथा ग्राहकों से मिली प्रशंसा से उसका आत्म-गौरव बढ़ चुका है।

आत्म-विश्वास कैसे बढ़ाएं

नीचे बताई गई रणनीतियाँ खुद को पराजित करने वाले वैचारिक तौर-तरीकों को तोड़ सकती हैं।

आत्म-स्वीकृति : आत्म-स्वीकृति इंसान के रूप में खुद को स्वीकार करने

की योग्यता है। मतलब - अपने सकारात्मक पहलुओं - हमारे गुणों, शक्तियों और योग्यताओं - पर ध्यान केंद्रित करना, जिनसे मिलकर हमारा अनूठा व्यक्तित्व बना है। आत्म-छवि पर ध्यान केंद्रित करने से आत्म-विश्वास और आत्म-गौरव दोनों पर ही सकारात्मक प्रभाव पड़ता है। लेकिन आम तौर पर देखा जाता है कि लोग अपनी शक्तियों के बजाय अपनी कमजोरियों पर ध्यान केंद्रित करते हैं और खुद का नुकसान कर बैठते हैं। हमें सकारात्मक तसवीरों पर ध्यान केंद्रित करने में खुद की और दूसरों की मदद करनी चाहिए।

सफलताओं पर ध्यान : हम अपने अतीत की सफलताओं और उपलब्धियों पर ध्यान केंद्रित करें। हमने अतीत में जो भी अच्छे काम किए हैं, उनके लिए खुद की प्रशंसा करें। असफलताओं पर ध्यान केंद्रित करना कहीं ज्यादा आसान होता है, क्योंकि दूसरे हमें उनके बारे में अक्सर बताते रहते हैं। लेकिन जब हम जीवन की सफलताओं के बारे में सोचने में समय लगाते हैं, तो दृष्टिकोण तेजी से बदल जाता है।

जीवन में मिली सफलताओं और उपलब्धियों की सूची तैयार करना अति महत्त्वपूर्ण काम है। पहले-पहले तो पूरी सूची तैयार करना मुश्किल लग सकता है, लेकिन लगन से काम करने पर हमारी सूची बढ़ती जाती है और इसके साथ-साथ हमारा आत्म-विश्वास भी बढ़ता जाता है।

हेनरीटा एक सेल्स रिप्रजेंटेटिव थी, जो ऑरलैंडो, फ्लोरिडा की एक रियल एस्टेट फर्म में काम करती थी। उसे एक ग्राहक का पत्र मिला, जिसमें उसने हेनरीटा की प्रशंसा करते हुए कहा था कि उसी की बदौलत उसे "आदर्श घर" मिला। हेनरीटा ने वह पत्र ऑफिस में सबको दिखाया। उसके बॉस ने सलाह दी कि वह सफलता की फाइल में वह पत्र रख ले और आगे मिलने वाले पत्र भी उसी फाइल में रखे। उन्होंने कहा, "यह तुम्हारी 'सफलता की फाइल' है। जब परिस्थितियाँ सही नहीं होंगी, तब इन पत्रों को पढ़ने से तुम्हें खुशी मिलेगी। ये पत्र इस बात का प्रमाण हैं कि तुम यह काम पहले कर चुकी हो, इसलिए तुम इसे दोबारा भी कर सकती हो।"

हेनरीटा ने इस सलाह पर अमल किया। जब उसने देखा कि हर सफलता पर पत्र नहीं मिलता था, तो उसने "सफलता का लॉग" भी बना लिया।

इस लॉग में वह अपनी महत्त्वपूर्ण उपलब्धियाँ लिखती थी - कोई मुश्किल बिक्री करना, किसी महत्त्वपूर्ण भवन निर्माता कंपनी से नए घरों के लिए पहले बिक्री करने के अधिकार हासिल करना, किसी महीने में ऑफिस में अधिकतम बिक्री करना आदि।

हम सभी के जीवन में गिरावट और मंदी के दौर आते हैं। हेनरीटा भी इसका अपवाद नहीं थी। जब कोई बिक्री काफी आगे तक जाने के बाद पूरी नहीं हो पाती थी, जब मंदी का दौर आता था या निराशा महसूस होती थी, तो वह अपनी "सफलता की फाइल" खोलकर उन पत्रों को दोबारा पढ़ती थी और अपने लॉग में लिखी सफलताओं की समीक्षा करती थी। इससे उसका आत्म-विश्वास लौट आता था और वह दोबारा पूरे उत्साह से काम करने लगती थी।

हम अपने कोच स्वयं हैं

यहाँ बताई गई दोनों श्रेणियों को मिलाकर सप्रमाण आत्म-चर्चा तैयार करेंगे तो हम उस पर विश्वास करने लगते हैं। किसी खेल टीम के पिछड़ने पर उसका कोच, टीम को प्रेरणा देता है। हम अपने कोच स्वयं हैं, इसलिए हमें भी खुद को वैसी ही प्रेरक चर्चा देनी चाहिए। हमें खुद से क्या कहना चाहिए? ऐसा तर्क दें, जिसमें प्रमाण का वजन हो और जो जाँच में खरा उतरे। प्रमाण जितना ज्यादा शक्तिशाली और दमदार होता है, संदेश भी उतना ही ज्यादा विश्वसनीय और शक्तिशाली होता है। यह आंतरिक चर्चा हम सभी को समय-समय पर करनी चाहिए। यह उस एक चीज पर दोबारा नियंत्रण हासिल करने का अचूक औजार है, जिस पर सारे समय हमारा चरम नियंत्रण होता है। दूसरे शब्दों में, हमें अपना आत्म-विश्वास बढ़ाने के लिए खुद को मनोवैज्ञानिक प्रेरणा देनी चाहिए।

अपनी सफलता समीक्षा करने के बाद हेनरीटा ने प्रमाणों के आधार पर आत्म-चर्चा तैयार की। उसने इसे बार-बार दोहराया और जिस तरह कोच अपनी टीम को प्रेरित करता है, उस तरह उसने भी खुद को नई सफलताओं के लिए प्रेरित किया।

हम क्या चाहते हैं?

- अपने उद्देश्य का स्पष्ट, सारगर्भित कथन लिखें। यह भी लिखें कि

इसे हासिल करने के लिए हम क्या करेंगे।

- इस लिखित कथन को दिन में दो बार जोर से पढ़ें, एक बार रात को सोने से पहले और एक बार सुबह उठने के बाद। इसे पढ़ते वक्त हमें इस तरह देखना, महसूस करना और विश्वास करना चाहिए, मानो हमने लक्ष्य हासिल कर लिया है।
- उस लक्ष्य पर ध्यान केंद्रित करें, जिसे हम हासिल करना चाहते हैं। सिर्फ यही कहना ही काफी नहीं है, "मैं अच्छी-सी नौकरी चाहता हूँ।" निश्चित करें की आप क्या चाहते हैं। "मैं मार्केटिंग शोधकर्ता की नौकरी चाहता हूँ, ताकि मेरे पास यह साबित करने का अवसर रहे कि मैं प्रबंधन में जा सकता हूँ।"
- अपनी इच्छा को पूरा करने की एक निश्चित योजना बनाएँ और इस योजना पर अमल तुरंत शुरू कर दें, चाहे हम तैयार हों या न हों।

नए अनुभवों को अपनी जीत या हार न मानें

कुछ लोग कभी जोखिम नहीं लेते हैं। वे हमेशा सुरक्षित खेल खेलते हैं। इस बात की काफी संभावना है कि वे हमेशा सिर्फ औसत प्रदर्शन ही करते रहेंगे। उन्हें जीवन में सच्ची सफलता कभी नहीं मिलेगी। अगर वे किसी चीज के पक्षधर हैं, तब भी वे उसका समर्थन करने का जोखिम नहीं लेते हैं, क्योंकि उन्हें यह डर रहता है कि अगर कामयाबी नहीं मिली, तो क्या होगा। इस तरह वे "पराजय की पीड़ा" से तो बच जाते हैं, लेकिन कभी "विजय के रोमांच" का अनुभव नहीं ले पाते।

नए अनुभवों को अपनी जीत या हार न मानें, बल्कि इन्हें सीखने का अवसर मानें। ऐसा करने पर हमारा दिमाग नई संभावनाओं के प्रति खुल जाता है और आत्म-स्वीकृति का हमारा अहसास बढ़ सकता है। ऐसा न करने पर हर संभावना असफलता का अवसर बन जाती है और व्यक्तिगत विकास में बाधा डालती है।

जोखिम लेने का अर्थ यह नहीं है कि इंसान दुस्साहसी बन जाए। तार्किक लोग तार्किक जोखिम लेते हैं, लेकिन जोखिम की प्रकृति में ही असफलता की आशंका छिपी होती है। सफल बिजनेस एक्जीक्यूटिव्ज के हर निर्णय में जोखिम रहता है। कछुआ एक जीता-जागता किला है। इसका अभेद्य

खोल हर तरह के नुकसान से इसकी रक्षा करता है। लेकिन ध्यान रहे, जब कछुए को चलना होता है, तो इसे अपने सिर और गर्दन को खोल से बाहर निकालना होता है और परिवेश के खतरों का सामना करना पड़ता है। अगर हम आगे बढ़ना चाहते हैं, तो कछुए की तरह ही हमें भी पूर्ण सुरक्षा की उम्मीद नहीं रखनी चाहिए। हमें प्रगति करने की खातिर, अपनी गर्दन बाहर निकालनी होगी।

बहरहाल, निर्णय लेने से पहले वे सावधानीपूर्वक विश्लेषण और शोध करके अपनी सफलता की संभावना को अधिकतम कर लेते हैं। लेकिन निर्णय लेने के बाद मैनेजर धन, समय, ऊर्जा और भावना की संभावित क्षति का जोखिम लेने के लिए तैयार रहता है। जोखिम के बिना लाभ की कोई संभावना नहीं है।

द रेड सॉक्स की टीम, यांकीज से 2-1 से आगे थी। पहले दो हिटर आउट हो गए। यांकी का नामी हिटर डेव विनफील्ड बैटिंग करने उतरा। गेंद सीधी प्लेट के पार आती है। धड़ाक! शानदार हिट। विनफील्ड पहला बेस चुराने के लिए दौड़ता है। वह इसे आसानी से पूरा कर लेता है। क्या उसे दूसरे की कोशिश करनी चाहिए? एक सेकेंड से भी कम समय में डेव को यह निर्णय लेना है कि क्या उसे सुरक्षित खेलना चाहिए, या फिर उसे उस अतिरिक्त बेस चुराने का जोखिम लेना चाहिए, जिससे वह स्कोरिंग की स्थिति में आ जाएगा। अगर वह असफल हो गया, तो मैच खत्म हो जाएगा, लेकिन यह जोखिम लेने से पराजय के विजय में बदलने की संभावना बढ़ जाएगी। जोखिम लेना विनफील्ड के स्वभाव में है, इसलिए अगर सफलता की 50 प्रतिशत से ज्यादा संभावना है, तो वह दूसरा बेस चुराने की कोशिश करेगा। खेल की तरह ही जीवन में भी चैंपियन लोग जोखिम लेते हैं। इसी से वे चैंपियन बनते हैं।

डेल कारनेगी सलाह देते हैं, "जब समस्या सामने आए, तो खुद से पूछें, वह सबसे बुरा क्या है, जो हो सकता है? सबसे बुरे को स्वीकार करने की तैयारी करें; सबसे बुरे को बेहतर बनाने की कोशिश करें।"

इन सिद्धांतों से किसी समस्या के प्रति नवाचारी, क्रांतिकारी या अलग नीति अपनाने का जोखिम लिया जाए अथवा नहीं। जिल बेकर संभावित ग्राहक के परचेजिंग मैनेजर, स्टैन ग्रीन से अपॉइंटमेंट नहीं ले पा रहा था। उसने फोन किया था, पत्र लिखे थे और "उनके दरवाजे पर धरना

भी दिया था" – लेकिन कोई फायदा नहीं हुआ। उसके सहकर्मियों ने उसे सलाह दी कि वह ग्रीन को भूल जाए और अपनी ऊर्जा तथा समय दूसरे संभावित ग्राहकों को सामान बेचने में लगाए। लेकिन जिल ने जिद पकड़ ली थी। ग्रीन का ध्यान आकर्षित करने का कोई न कोई तरीक़ा तो होगा। उसे पता चला कि ग्रीन एक औद्योगिक कार्यशाला में व्याख्यान देने वाले हैं। जिल ने सोचा, "अगर मैं उस कार्यशाला में जाता हूँ, तो उनके व्याख्यान के बाद मैं उनके पास जाकर सवाल पूछ सकता हूँ और अपना परिचय दे सकता हूँ, ताकि वे कम से कम यह तो जान जाएँ कि मैं कौन हूँ।"

उसके सेल्स मैनेजरों और सहकर्मियों ने उसे हतोत्साहित किया। "वे इतने नाराज हो जाएँगे कि दोबारा कभी इस कंपनी के किसी बंदे से बात नहीं करेंगे।"

जिल ने कारनेगी के सिद्धांतों के आधार पर बात की। "वह सबसे बुरा क्या है, जो हो सकता है? वे हमें कारोबार नहीं देंगे। यह ज्यादा बुरा नहीं है, क्योंकि वे इस समय भी हमें कोई कारोबार नहीं दे रहे हैं, इसलिए हमारे पास खोने के लिए कुछ नहीं है।" "सबसे बुरे को स्वीकार करने की तैयारी करें : यदि मैं मीटिंग में उन पर प्रभाव नहीं छोड़ पाया, तो मैं यह कोशिश छोड़ दूंगा।" "सबसे बुरे को बेहतर बनाने की कोशिश करें : पूछने वाले प्रश्नों की सुविचारित योजना बनाकर मैं यह दिखा सकता हूँ कि मुझे उनके व्यवसाय का सच्चा ज्ञान है। हो सकता है कि इस बात से वे मुझसे मिलने को तैयार हो जाएँ।"

यदि हम अपनी नौकरी और जीवन में प्रगति करना चाहते हैं, तो हम सभी को जोखिम लेना होगा। सावधानीपूर्वक विश्लेषण करके हम असफलता की आशंका को कम तो कर सकते हैं, लेकिन इसे कभी पूरी तरह खत्म नहीं कर सकते। कष्ट के बिना कोई लाभ नहीं होता है। खेल को हमेशा सुरक्षित तरीके से खेलकर हम हार के दर्द से तो बच सकते हैं, लेकिन हमें वह भारी खुशी और संतुष्टि कभी महसूस नहीं होगी, जो बाधाओं से उबरने और लक्ष्यों तक पहुँचने से मिलती है।

दृढ़ता और आक्रामकता का मूल फर्क

दृढ़ता और आक्रामकता का मूल फर्क अक्सर आत्म-गौरव में निहित होता है। डेल कारनेगी के मानव संबंध सिद्धांत, संतुलन स्थापित करते हैं।

वे "लोगों को हराने," या "लोगों द्वारा हराए जाने" के बजाय ये सफलता हासिल करने के लिए "लोगों के साथ मिलकर कार्य करने" का तरीका बताते हैं। दृढ़ संप्रेषण मानव संबंध की ऐसी तकनीक है, जिसमें शक्ति और संवेदनशीलता का मिश्रण होता है।

आत्म-विश्वासी इंसान और आक्रामक इंसान में फर्क होता है। दृढ़ इंसान और स्वेच्छाचारी इंसान में फर्क होता है। हममें से ज्यादातर लोग साहस और आत्म-विश्वास की प्रशंसा करते हैं, बशर्ते इसे सही तरीके से संप्रेषित किया जाए। हम जिन लोगों और कंपनियों की सफलता की कहानियाँ जानते हैं, उनकी सफलता का कारण यही था कि कोई इंसान या समूह दृढ़ता से जुटा रहा। लेकिन इस बारे में बहुत-सी गलत धारणाएँ नजर आती हैं। दृढ़ व्यवहार को इस तरह परिभाषित किया गया है, "... अपने लिए इस तरह खड़ा होना, जिससे सामने वाले के बुनियादी अधिकारों का उल्लंघन न हो।"

आगे दिया गया चार्ट निश्चयात्मक आत्म-विश्वासी नीति और आक्रामक नीति के बीच का फर्क बताता है :

चार्ट : 1

आक्रामक बनाम निश्चयात्मक बनाम निष्क्रिय

आक्रामक	निश्चयात्मक	निष्क्रिय
आत्म-केंद्रित	अपने अधिकारों की रक्षा करते हैं, जबकि दूसरों के प्रति संवेदनशील भी रहते हैं	दूसरों की परवाह करते हैं, भले ही खुद का नुकसान हो जाए
अक्सर तनाव में रहते हैं और दूसरों को तनाव देते हैं	तनावपूर्ण स्थितियों से निपटते हैं और आगे बढ़ जाते हैं	अंदर से तनावग्रस्त, हालाँकि हो सकता है कि तनाव न दिखाएं
अक्सर कमजोर आत्म-गौरव के परिणाम	दृढ़ आत्म-छवि की आवश्यकता	अक्सर कमजोर आत्म-गौरव के परिणाम

प्रत्यक्ष और अनुचित संप्रेषण	प्रत्यक्ष, ईमानदार, उचित संप्रेषण	अप्रत्यक्ष और अक्सर स्वयं के प्रति ईमानदार नहीं
मुमकिन है कि इन्हें पसंद न किया जाए और सम्मान न दिया जाए	लोग अक्सर सम्मान करते हैं	अक्सर पसंद किए जाते हैं, लेकिन संभव है सम्मान न मिले
दूसरों को नीचे गिराते हैं	दूसरों को भी सफलता पाने में मदद करते हैं	खुद की कीमत पर दूसरों को ऊपर उठाते हैं
हर चीज और हर व्यक्ति को नियंत्रित करने की जरूरत रहती है दूसरों को जवाबदेह ठहराते हैं लेकिन खुद को नहीं	अपने कार्यों की व्यक्तिगत जिम्मेदारी लेने के इच्छुक होते हैं	खुद को जवाबदेह ठहराते हैं, लेकिन दूसरों को नहीं
संघर्ष करने वाले - दूसरों को अनुसरण करने के लिए विवश करते हैं	मिसाल पेश करके नेतृत्व करता है; न तो संघर्ष चाहता है, न ही उससे बचता है	संघर्ष से बचता है, अक्सर अति क्षमायाचना करता है।
प्रतिबंधात्मक	दिशानिर्देशों का अनुसरण करते हुए लचीले रहते हैं	खुद के लिए कठोर दिशानिर्देश, लेकिन दूसरों के लिए नहीं
शाब्दिक दृष्टि से कर्कश	स्पष्ट संवेदनशील, विनम्र	संकोची, अप्रत्यक्ष, संयत
काफी हद तक प्रत्यक्षतः - विचारों को जबरन दूसरों के गले उतारते हैं	खरे, लेकिन परवाह करने वाले	भावनाओं और विचारों को व्यक्त करने से बचते हैं
रौब जमाने वाले	निवेदनात्मक चाह रखने वाले	चाह रखने वाले

आत्म-गौरव हासिल करें

हम अपने बच्चों में आत्म-विश्वास और आत्म-गौरव भर सकते हैं। हम अपने स्टाफ में आत्म-विश्वास और आत्म-गौरव भर सकते हैं। हम अपनी कक्षाओं या टीमों में आत्म-विश्वास और आत्म-गौरव भर सकते हैं। उन्हें खुद पर विश्वास करना सिखाएँ। उन्हें आत्म-अभिव्यक्ति के अवसर दें।

हार्वे मैकी ने कहा था, "अंत में, हर एक को महत्त्वपूर्ण होने का अहसास कराना महत्त्वपूर्ण है। बुरे माहौल में हर व्यक्ति शिकार जैसा महसूस करता है। अच्छे माहौल में लोग इस तरह महसूस करते हैं, मानो उनका महत्त्व समान हो - शायद समान शक्ति नहीं, लेकिन समान महत्त्व। असेम्बली लाइन का मजदूर अपनी इच्छाओं को बलपूर्वक लागू नहीं करा सकता, जिस तरह वरिष्ठ मैनेजर करा सकता है, लेकिन असेम्बली लाइन के कर्मचारी को भी अपनी बात कहने का उतना ही मौका होता है, जितना कि परिवार के सबसे छोटे बच्चे को डिनर टेबल पर होता है।"

"यह मिलकर एक जोरदार, स्पष्ट संदेश बन जाता है। आप ख़ास हैं और हम आपकी परवाह करते हैं। आपके बच्चे और आपके कर्मचारी निजी तौर पर सफल हों तथा पूरा परिवार या संगठन भी तरक्की करे, इसके लिए हर एक को दूसरे की परवाह करनी होती है।"

निष्कर्ष

- यह दृढ़ कथन कहें कि संसार में हमारे लिए एक जगह है और हम इसे भरने जा रहे हैं।
- खुद से बड़ी चीजों की आशा करें। कभी न मानें कि हमारी क़िस्मत में जिंदगी भर छोटे काम करना लिखा है। यदि हम अभ्यास करते हैं और सकारात्मक, उपयोगी, समृद्ध विचार को लगातार कायम रखते हैं, तो यह मानसिक नजरिया किसी दिन हमारे लिए एक खास जगह बना देगा और हमारी मनचाही चीज का सृजन कर देगा। कभी भी अपने बारे में ओछेपन से, संकीर्णता से, कंजूसी से न सोचें। खुद को कमजोर, अकार्यकुशल या बीमार नहीं मानें। खुद को हमेशा आदर्श, पूर्ण और संपूर्ण मानें।

- कभी भी असफल या आंशिक असफल होकर जीवन बिताने की संभावना के बारे में सोचें तक नहीं।
- आत्म-गौरव नश्वर है। इसे लगातार पोषण देना चाहिए और बलवान बनाना चाहिए। इसे शब्दों से, कार्यों से, नजरियों से, अनुभव से और हमारी वचनबद्धता से पोषण मिलता है। इन्हीं से यह कायम रहता है। हम अपने बारे में जो नकारात्मक शब्द कहते हैं, उनकी जगह पर सकारात्मक शब्द रखने का अभ्यास करें। निराशा के शब्दों के बजाय आशा के शब्द। असफलता के शब्दों के बजाय सफलता के शब्द। पराजय के शब्दों के बजाय विजय के शब्द। चिंता के शब्दों के बजाय प्रोत्साहन के शब्द। उदासीनता के शब्दों के बजाय उत्साह के शब्द। घृणा के शब्दों के बजाय प्रेम के शब्द, आत्म-गौरव के शब्द।
- बिना कारण कोई चीज हमारे पास कभी नहीं आती है। कारण मानसिक होता है। विचार ही शक्ति हैं। विचारों से ही हम अपनी स्थितियों को बनाते हैं, खुद को बनाते हैं। ये शक्तियाँ हमारे चरित्र को लगातार तराश रही हैं, हमारे जीवन को लगातार ढाल रही हैं। हम अपने विचारों से दूर नहीं जा सकते। हमें उनके अनुरूप बनना ही होगा।

13.

अपनी महानता पर ध्यान केंद्रित करें

मस्तिष्क को एक कंप्यूटर मानें। क्या यह सच नहीं है कि जब हम बहुत से प्रोग्रामों के भीतर काम करते हैं और हमारी स्क्रीन पर बहुत सारी विंडो खुली रहती हैं, तो हमारा कंप्यूटर धीमा हो जाता है या अटक जाता है? शोध के अनुसार हमारे मस्तिष्क में भी यही चीज होती है। जब हम बहुत से काम करते हैं, जिनमें हमारे पूरे ध्यान की जरूरत होती है, तो हमारा मस्तिष्क अति बोझ का शिकार हो जाता है। कामों की सफलतापूर्वक अदला-बदली करने के लिए मस्तिष्क को पिछले काम की मांगों को बंद करने या रोकने के साथ नए काम को करने के लिए आवश्यक संसाधन जुटाने होते हैं। लेकिन हम उस एक काम पर ध्यान केंद्रित कैसे कर सकते हैं, जब इतने सारे दूसरे काम किए जाने का इंतजार कर रहे हों? सामने वाले काम पर ध्यान केंद्रित करने के लिए इस नीति का इस्तेमाल करें :-

शोर और गंधों जैसे सभी बाहरी फिल्टरों को हटा दें, जिनसे ध्यान भंग होने का अंदेशा हो। विघ्नों और व्यवधानों से मुक्त होकर वर्तमान पल में रहें। यदि आवश्यक हो, तो आँख की पट्टी जैसे ब्लाइंडर और इयर प्लग का इस्तेमाल करें। अपने कामकाज की जगह व्यवस्थित करें और वहाँ की व्यवस्था पर ध्यान दें - रोशनी, हवा का आवागमन, आरामदेह कुर्सी आदि। हम जितने ज्यादा व्यवस्थित होते हैं, चीजों में कमियाँ रहने के बावजूद उनके बिगड़ने की उतनी ही कम चिंता होती है। हम जितने ज्यादा आरामदेह होते हैं, उतना ही बेहतर ध्यान केंद्रित कर सकते हैं।

अच्छे रिकॉर्ड रखने के बारे में सतर्क रहें, समयसारणी बनाने के लिए प्लानर या कैलेंडर का इस्तेमाल करें और इन रिकॉर्डों का बैकअप रखें। एक बार जब आप किसी चीज को लिख लेते हैं या इलेक्ट्रॉनिक रूप से

दर्ज कर लेते हैं, तो आप इसे कभी नहीं भूलेंगे। इससे हमें वर्गीकरण करने, चीजों को छोड़ने, खुद को डुबाने और हाथ के काम पर पूरी तरह एकाग्र होने की अनुमति मिल जाती है।

यह समझें कि क्या करने की जरूरत है, इसे छोटे आकार के आसानी से हो सकने वाले टुकड़ों में तोड़ लें और उन समय सीमाओं या बिंदुओं को तय कर लें, जहाँ काम को तोड़ना है। अपने अंतिम लक्ष्य के रिमाइंडर रखें और यह भी कि इसमें हमारे लिए क्या है। काम के उस हिस्से को पूरा करने के बाद खुद को पुरस्कार दें। इस तरह काम करें, मानो आप प्रूफरीडर हों और उस प्रोजेक्ट या काम को पहली बार अथवा अंतिम बार देख रहे हों। खुद को कोई नई चीज सीखने की चुनौती दें।

व्यवस्थापन और प्राथमिकीकरण

हमारा आम दिन एक जिम्मेदार वयस्क के रूप में ऑफिस में या इससे बाहर की उन गतिविधियों में बीतता है, जो अतीत-केंद्रित, वर्तमान-केंद्रित या भविष्य-केंद्रित होती हैं। ये तीनों ही उत्पादकता और सफलता सुनिश्चित करने के लिए मूलभूत होती हैं। वैसे इनमें से कोई भी सही या गलत नहीं है। अतीत-केंद्रित गतिविधि के बजाय भविष्य-केंद्रित गतिविधि में समय लगाना बदतर या बेहतर नहीं है। ये दोनों ही निहायत जरूरी हैं।

हमारा निर्णय इस बात पर आधारित होता है कि हमें किसी पल अपनी ऊर्जा कहाँ केंद्रित करनी है। मिसाल के तौर पर, पिछले महीने के घरेलू खर्चों या कारोबारी बिक्री के प्रदर्शन पर आँकड़े इकट्ठे करना अतीत-केंद्रित है, जबकि अगली तिमाही के लिए बजट बनाना भविष्य-केंद्रित है। दोनों का ही संबंध वित्त और अकाउंटिंग से है, लेकिन वे विपरीत दिशाओं में देख रहे हैं।

वर्तमान-केंद्रित गतिविधियाँ वे हैं, जो हमारे देखने और सुनने के तात्कालिक दायरे में होती हैं। टेलीफोन कॉल और आमने-सामने के अपॉइंटमेंट इस श्रेणी में आते हैं। एक ही कारोबारी काम के मामले में अतीत-वर्तमान-भविष्य की गतिविधियाँ हो सकती हैं।

- अतीत एकाग्रता, वर्तमान एकाग्रता और भविष्य एकाग्रता
- बिक्री का विश्लेषण प्रशिक्षण उत्तराधिकारी का नियोजन

- अपेक्षाओं का प्रबंधन करना
- अपेक्षाओं को पूरा करना
- अपेक्षाओं को तय करना

यह मॉडल काम क्यों करता है?

व्यवस्थापन मॉडल के रूप में अतीत-वर्तमान-भविष्य का इस्तेमाल करना यह तय करने का एक सरल साधन है कि आज तीनों श्रेणियों में क्या हासिल करने की जरूरत है। इन तीनों कालों में से प्रत्येक पर सावधानी से विचार करके हम यह सुनिश्चित कर सकते हैं कि हम व्यवस्थित और पूरी तरह से तैयार हैं।

एक बार जब हम अपनी सारी गतिविधियों और कामों को इन श्रेणियों में रख देते हैं, तो फिर उन्हें प्राथमिकता के आधार पर जमाना ही शेष रह जाता है : हर श्रेणी में सबसे पहले किसे हासिल करने की जरूरत है?

अतीत एकाग्रता :-

- मुझे किन चीजों को सुधारने की जरूरत है? मुझे किन संदेशों का जवाब देना है? मुझे कौन सी रिपोर्ट बनाने या उसकी समीक्षा करने की जरूरत है? कौन मुझसे आगामी संपर्क का इंतजार कर रहा है?

वर्तमान एकाग्रता :-

- आज मेरे कैलेंडर में कौन सी बैठकें हैं? आज कौन से अत्यावश्यक मामले सामने आए हैं? आज मेरी यात्रा की समयसारणी क्या है? आज मुझे कौन सी डेडलाइनें पूरी करनी हैं?

भविष्य एकाग्रता :-

- मुझे कौन सी व्यवस्थाएँ (यात्रा, आमंत्रण, छुट्टियाँ, सम्मेलन आदि) करने की जरूरत है? मुझे कौन से प्रोजेक्ट या प्रस्ताव तैयार करने हैं कौन सी डेडलाइनें आ रही हैं?

प्राथमिकीकरण :-

प्रतिस्पर्धी प्राथमिकताओं को सँभालने की कुछ बाधाएँ :-

- एकाग्रता और प्रेरणा का अभाव
- महत्त्वहीन चीजों में उलझना
- लगातार विघ्न और व्यवधान

- बहुत कम समय में बहुत ज्यादा काम करने के लिए होना
- काम पूरा करने के लिए बहुत कम संसाधन
- खराब नियोजन और व्यवस्थापन योग्यताएँ
- टालमटोल की प्रवृत्ति
- प्राथमिकताएँ तय करने और समयसीमा पर बने रहने की अयोग्यता
- प्रभावी ढंग से काम सौंपने की अयोग्यता
- समय पर निर्णय लेने की अयोग्यता
- समयखाऊ और अप्रभावी बैठकें

प्राथमिकीकरण के अनिवार्य बिंदु

1. **सभी गतिविधियों को दर्ज करें** : दिन या सप्ताह की अपनी सारी माँगों, प्रतिस्पर्धी प्राथमिकताओं, कामों और गतिविधियों को लिख लें।
2. **प्राथमिक लक्ष्य तय कर लें** : दिन या सप्ताह के लिए अपने प्राथमिक लक्ष्यों की सूची बना लें।
3. **80/20 नियम पर विचार करें** : यह तय करें कि कौन सी 20 प्रतिशत गतिविधियाँ 80 प्रतिशत परिणाम देंगी और हमें अपने लक्ष्यों के ज्यादा करीब ले जाएँगी।
4. **महत्त्वपूर्ण बनाम तात्कालिक का आकलन करें** : यह निर्णय लें कि इनमें से कौन सी गतिविधियाँ ज्यादा महत्त्वपूर्ण या ज्यादा तात्कालिक हैं। इस चरण में इस बात पर विचार करें कि किस तरह निश्चित बिंदु हमें प्रभावित करते हैं और निश्चित कामों को हासिल नहीं करने के परिणाम क्या होंगे (मिसाल के तौर पर, हो सकता है कि किसी को अपना काम करने के लिए हमसे कोई चीज चाहिए हो।
5. **रैंक** : नियोजन शुरू करने के लिए रैंकिंग सिस्टम का इस्तेमाल करें।

14.

चिंता छोड़ें

यह बात डेल कारनेगी ने कई साल पहले लिखी थी। तब से हमने ऐसी कई बीमारियों का इलाज करना, उनकी रोकथाम करना भी सीख लिया है, जिनकी वजह से लोगों को सबसे ज्यादा चिंता होती थी। इस बारे में कोई शक नहीं है कि आने वाले समय में हम उनमें से कई बीमारियों का इलाज ढूँढ निकालेंगे, जिनकी वजह से हम आज चिंतित है। लेकिन चिंता की भयंकर बीमारी के मामले में हमने जरा भी विकास नहीं किया है। इसकी विकरालता तो और भयंकर हो गई है।

> परिवर्तन से तनाव होता है। परिवर्तन से दबाव पड़ता है। इससे लोग घबराते हैं। इससे वे चिंतित हो जाते हैं। जाहिर है, ऐसा होता है।

यह आज के उथल-पुथल भरे व्यापार जगत में जितना सच है, उतना कहीं और नहीं है। छँटनी, अधिग्रहण और कंपनी का पुनर्गठन। आकार कम करना, कटौती करना और अचानक अपनी डेस्क खाली करने का आग्रह। रिट्रेंचमेंट। आउटप्लेसमेंट। पेयरबैक्स। एक दिन आएगा, जब इन सभी शब्दों का मतलब समझने के लिए आपको एक बिलकुल ही नई डिक्शनरी की जरूरत पड़ेगी। और अगर यह एक दो अल्सर पैदा करने के लिए काफी न हो, तो "लागत नियंत्रण" या "शत्रुतापूर्ण अधिग्रहण" कैसा लगता है?

जो कंपनियाँ कभी रेडवुड्स जितनी ठोस मानी जाती थीं, उनकी जड़ें हिल रही हैं। असंख्य बहुत-सी बड़ी कम्पनियों का बिजनेस के इतिहास से कचरे की तरह नाम हट चुका है। मध्यम श्रेणी के प्रवधान की सारी परते हवा में उड़ रही हैं। मध्यम श्रेणी का कौन सा मैनेजर भला इस बारे में चिंता नहीं करेगा? कंपनियाँ अपने डिवीजनों की परत उसी तरह उतार रही हैं, जिस तरह साँप केंचुली छोड़ते हैं : कौन सा डिवीजन चीफ इस बात

से चिंतित नहीं होगा? एक नए किस्म का कॉरपोरेट रेडर मोटी पूँजी वाली कंपनियों को हसरत से देखता है : अच्छी स्थिति में काम करने वाला कौन सा एक्जीक्यूटिव इस बात से नहीं घबराएगा?

हाँ, बदलाव जरूरी थे। उनमें से कुछ तो काफी पहले ही हो जाने चाहिए थे । सच्चाई तो यह है : जो कंपनियाँ छरहरी और प्रतियोगी नहीं होतीं, जो रचनात्मक और लचीली नहीं होतीं, जो प्रतिस्पर्धियों से ज्यादा तेज नहीं चलतीं, वे आज के समय की डायनोसॉर हैं। और उनका भविष्य भी वही होगा, जो डायनोसॉर का हुआ था।

लेकिन परिवर्तन से तनाव होता है। परिवर्तन से दबाव पड़ता है। इससे लोग घबराते हैं। इससे वे चिंतित हो जाते हैं। जाहिर है, ऐसा होता है। जो मान्यताएँ कभी अटूट मानी जाती थीं, जिनके चारों ओर लोग अपने पेशेवर जीवन का ताना-बाना बुनते थे - उतनी अटूट नहीं निकलीं। इससे थोड़ी असुरक्षा महसूस होना स्वाभाविक ही है।

एक समय ऐसा था, जब डॉ. मार्विन फ्रोजेल के मनोचिकित्सकीय क्लीनिक में आने वाले ज्यादातर रोगी घरेलू परेशानियों के बारे में बात करते थे, जीवनसाथी के प्रति गुस्सा, बच्चों के साथ कुंठा, अपने लालन-पालन पर द्वेष । जाहिर है, लोग आज भी इन मुद्दों को लेकर चिंतित हैं। लेकिन आज फ्रोजेल के बहुत से रोगी ऑफिस या काम-धंधे की चिंताओं के शिकार हैं।

ग्रेट नेक, न्यूयॉर्क में प्रैक्टिस करने वाले डॉ. फ्रोजेल कहते हैं, "लोग इस दहशत में जी रहे हैं कि उनकी नौकरी कभी भी जा सकती है। यह एक ऐसी चीज है, जो मैंने पहले कभी नहीं देखी। लोग ऑफिस की चिंताओं से काँपते हुए दरवाजे से भीतर घुसते हैं।

"जब एक बार छँटनी शुरु होती है, तो प्रत्येक कोई दूसरे जूते के गिरने का इंतजार करता है । और यह सिर्फ दो जूतों तक ही सीमित रहने की बात नहीं है। यह तो बीस जूतों की बात है। लोगों को नौकरी से निकाला जा रहा है। फिर जल्दी रिटायर करने की योजनाएँ आ जाती हैं। फिर छँटनी। लोग यकीन के साथ नहीं कह सकते कि अगले दिन उनके पास नौकरी रहेगी या नहीं।"

ब्लैक एंटरप्राइज मैग्जीन के संपादक अर्ल ग्रेब्ज कहते हैं, "आईबीएम

को ही देख लें।" हाल के वर्षों में इस दिग्गज कंप्यूटर कंपनी में भारी छँटनी हुई, क्योंकि अमेरिका और दूसरे देशों की छोटी कंपनियां इसके वर्चस्व को चुनौती दे रही थीं।

"इसका यह मतलब नहीं है कि वे कभी नहीं लौटेंगे। लेकिन जब पाउकीप्साई में कर्मचारियों की छँटनी हो रही हो, तो आईबीएम दोबारा वैसी कंपनी नहीं रह पाएगी। यह भारी उथल-पुथल है और तब आपको यह कहना ही होगा, 'हमारी खुशी का क्या होगा?' जो लोग आईबीएम छोड़कर जा रहे हैं, उन्हें समझ में आ रहा है कि जिंदगी खत्म नहीं हुई है। जब आप सोचते है कि आपके पर कतर दिए गए हैं, तब आपको पता चलता है कि इसके बाद भी आप उड़ सकते हैं । आपको लगता था कि आईबीएम छोड़ने के बाद आप घोंसले से बाहर नहीं उड़ सकते, लेकिन आप ऐसा कर सकते हैं।"

जब डेल कारनेगी ने चिंता के विषय पर पहली बार अपना ध्यान केंद्रित किया, तो दुनिया विशाल मंदी की गिरफ्त में थी। वे अपने विद्यार्थियों और दोस्तो के चेहरों पर चिंता की लकीरें देख सकते थे।

कारनेगी ने लिखा था, "कई वर्ष बीतने के बाद मुझे एहसास हुआ कि चिंता वयस्कों की सबसे बड़ी समस्याओं में से एक है। मेरे अधिकांश विद्यार्थी बिजनेसमैन थे - एक्जीक्यूटिव, सेल्समैन, इंजीनियर, अकाउंटेंट अलग-अलग व्यापार और पेशों के लोग - और उनमें से ज्यादातर के पास समस्याएँ थीं। क्लासों में महिलाएँ भी थीं। बिजनेसविमेन और गृहणियां। उनके पास भी समस्याएँ थीं। यह साफ था कि मुझे एक पाठ्यपुस्तक की जरूरत है, जो चिंता को जीतने का तरीका सिखाए। मैंने ऐसी पाठ्यपुस्तक खोजने की कोशिश शुरू कर दी ।

"मैं फिफ्थ एवेन्यू और फोर्टी-सेकंड स्ट्रीट की बड़ी पब्लिक लाइब्रेरी में गया। मुझे यह जानकर बड़ी हैरानी हुई कि उस लाइब्रेरी में चिंता शीर्षक पर सिर्फ बाईस पुस्तकें ही थीं। मैंने यह भी गौर किया, जो मुझे बड़ा ही दिलचस्प लगा, कि वर्म्स (कीड़े-मकोड़ों) पर एक सौ नवासी पुस्तकें थीं। चिंता की तुलना में कीड़े-मकोड़ों पर नौ गुना ज्यादा पुस्तकें थीं! हैरानी की बात है, है ना?"

"चिंता मानव जाति के सामने खड़ी सबसे बड़ी समस्याओं में से एक है, इसलिए आप सोचेंगे कि इस धरती के प्रत्येक हाई स्कूल और कॉलेज में एक कोर्स हो, जिसमें चिंता को रोकने का तरीका सिखाया जाए। लेकिन इस विषय पर इस देश के किसी भी कॉलेज में कोई कोर्स नहीं चल रहा है। कम से कम मैंने तो नहीं सुना।"

कारनेगी ने सात साल तक चिंता के बारे में जमकर पढ़ा और गहन अध्ययन किया। उन्होंने अपने दौर के सभी अग्रणी विशेषज्ञों के इंटरव्यू लिए। उन्होंने चिंता संबंधी प्रत्येक वह पुस्तक पढ़ी, जो उन्हें मिली। इनमें से ज्यादातर मनोविश्लेषण की मोटी-मोटी पोथियाँ थीं या किसी दूसरी वजह से व्यावहारिक मार्गदर्शिका नहीं बन सकती थीं। कारनेगी ने अपना शोध पढ़ने तक ही सीमित नहीं रखा। उन्होंने "चिंता को जीतने के लिए अपनी प्रयोगशाला" का सहारा लिया, यानी वे वयस्क-शिक्षण कक्षाएँ, जिनमें वे ज्यादातर रातों को पढ़ाते थे। इस गहन शोध के बाद चिंता और तनाव पर एक पुस्तक आई: हाउ टु स्टॉप वरीइंग एंड स्टार्ट लिविंग (चिंता छोड़ो, सुख से जियो), जो 1944 में प्रकाशित हुई। चिंता से उबरने की बुनियादी तकनीकें पहली बार एक सरल, सीधे तरीके से लोगों को बताई गई। बाद के वर्षों में जब चिंता के नए कारण सामने आए, तो इन तकनीकों को कई बार संशोधित भी किया गया।

ये तकनीकें सीखें । उन पर प्रत्येक दिन अमल करें। यह तय है कि इससे आप अपनी जिंदगी पर कहीं ज्यादा काबू रख पाएँगे। आपका तनाव और चिंता कम हो जाएँगे। आप मानसिक और शारीरिक दृष्टि से ज्यादा स्वस्थ होंगे।

● ● ●